Franz Kafka

Franz Kafka
El miedo a la vida

Ramón González Férriz

González, Ramón

    Franz Kafka / Ramón González. — Bogotá:

Panamericana Editorial, 2004.

    96 p. ; 21 cm. — (Personajes)

    ISBN 958-30-1360-9

1. Kafka, Franz, 1883-1924 I. Tít II. Serie

928.3 cd 20 ed.

AHY7728

    CEP-Banco de la República-Biblioteca Luis Ángel Arango

Editor
Panamericana Editorial Ltda.

Dirección editorial
Conrado Zuluaga

Edición
Javier R. Mahecha López

Diseño, diagramación e investigación gráfica
Editorial El Malpensante

Cubierta: Kafka en la foto de pasaporte en la época en que comenzó a trabajar
para la Compañía de Seguros y Accidentes Laborales.
© Archivo Klaus Wagenbach, Berlín.

Primera edición, abril de 2005
© Panamericana Editorial Ltda.
    Texto: Ramón González Férriz
Calle 12 N° 34-20, Tels.: 3603077–2770100
Fax: (57 1) 2373805

Correo electrónico: panaedit@panamericanaeditorial.com
www.panamericanaeditorial.com
Bogotá D. C., Colombia

ISBN 958-30-1360-9

Impreso por Panamericana Formas e Impresos S. A.
Calle 65 N° 95-28, Tels.: 4302110–4300355, Fax: (57 1) 2763008
Quien sólo actúa como impresor.
Impreso en Colombia
Printed in Colombia

"Necesitamos libros que nos golpeen como una desgracia dolorosa, como la muerte de alguien a quien queríamos más que a nosotros mismos, libros que nos hagan sentirnos desterrados a las junglas más remotas, lejos de toda presencia humana, algo semejante al suicidio. Un libro debe ser el hacha que rompa el mar helado que habita en nuestros corazones. Eso es lo que creo".

Franz Kafka
Carta a Oskar Pollak, 1904

Nota del autor

Max Brod, albacea y primer editor de la obra de Franz Kafka, fue el responsable de la titulación de algunas obras con títulos distintos de los previstos por el autor. Dicha titulación discutible, como es lógico, se transmitió a las traducciones en lengua castellana —casi siempre argentinas—, dando pie a un equívoco que parecía ya del todo consolidado. Esta biografía, sin embargo, sigue el criterio más riguroso de las *Obras completas* de Franz Kafka que dirige Jordi Llovet y publica Galaxia Gutenberg. De este modo, la obra publicada en alemán como *Die Verwandlung* es aquí *La transformación* y no, como ha sido costumbre viciada hasta ahora, *La metamorfosis*. Del mismo modo nos hemos referido a *Der Verschollene* como *El desaparecido* y no como *América*, título con que Brod publicó esta novela inacabada. Sirva el afán de precisión para compensar la extrañeza de ver con un nombre distinto lo que siempre se ha llamado del mismo modo.

—R. G. F.

Introducción

Franz Kafka nació en 1883 en Praga. En sus casi cuarenta y un años de vida fue testigo del nacimiento del sionismo, la Primera Guerra Mundial, la Revolución Rusa, la desaparición del Imperio Austrohúngaro y la independencia de Checoslovaquia. Se doctoró en leyes, fue un funcionario responsable, se comprometió en tres ocasiones con dos mujeres distintas y apenas salió de su ciudad. Escribió por lo menos cuatro mil páginas, publicó siete libros en vida —ninguno de los cuales tuvo repercusión más allá de un reducido círculo de amistades— y murió soltero y sin descendencia. En 1921, tres años antes de su muerte, le dijo a su amigo Max Brod: "Mi testamento será sencillo: te ruego que lo quemes todo".

La obra literaria de Kafka es tan extensa y tan memorable que no hay peor modo de hacerle justicia que contando así la vida de su autor. Pero, a fin de cuentas, ésta fue su vida. Asistió a los acontecimientos más convulsos del siglo xx —sus hermanas serían su triste corolario: murieron en un campo de concentración—, pero llevó la existencia de un respetable funcionario de seguros apacible y enfermizo. Para Kafka, la única prueba patente de haber vivido fue haber escrito. Y es que resulta imposible reconstruir la vida de este praguense tímido y cortés si no es recordando que sacrificó todo lo que le rodeaba para consagrarse a la literatura, que consideraba la única actividad adecuada a su naturaleza. La familia, los estudios, la oficina, las mujeres: el mundo no fue para Kafka sino un estorbo para poder encerrarse en su cuarto a escribir.

Sin embargo, nuestro personaje no fue simplemente el sacerdote de la literatura que su leyenda ha querido presentarnos. A los ojos de sus contemporáneos fue el subsecretario de departamento —con despacho propio y derecho a pensión— de la Compañía Estatal de Seguros de Accidentes de Trabajo; pero también lo que hoy llamaríamos un "escritor de culto", seguido por una minoría selecta y vanguardista que vio en él una trascendencia literaria que sólo después de muchas penalidades llegaría a una mayoría de lectores. Kafka fue una cosa y otra: el empleado que recorría las fábricas de su región para ver cómo podía reducir los accidentes laborales de los trabajadores y el escritor que considera la literatura "algo poco menos que sagrado [...], algo grande y puro". Si olvidamos que fue ambas cosas, corremos el peligro de ver en él lo que nunca fue.

Con todo, y a pesar de que su vida laboral y social fueron envidiables para algunos judíos de principios del siglo xx, las ocasiones en que Kafka experimentó el fracaso son innumerables. Es más: el gesto que dio inicio a su leyenda, la petición a Brod de que quemara todos sus textos tras su muerte, no fue sino el reconocimiento de un fracaso. Kafka no quiso que los destruyera a modo de sacrificio póstumo o de autoliquidación, como muchas veces se ha querido ver, sino porque consideró que no eran suficientemente buenos y, además, estaban inacabados. Esta percepción de que todos sus proyectos quedaban por terminar, de que toda su obra no era sino una postergación constante en la búsqueda de la literatura, son el sello que marca más definitivamente la relación de Kafka con su propia vida y su única ambición, la escritura.

El fracaso de nuestro personaje, sin embargo, no se circunscribe a la literatura, puesto que sólo él creyó fracasar en este ámbito. Es bien sabido que su relación con su padre no sólo fue tormentosa, sino casi cruel. "No hace mucho me preguntaste por qué digo que te tengo miedo", le escribió en 1919 en la *Carta al padre*, que éste jamás llegó a recibir. "Como de costumbre, no supe qué contestarte; en parte, precisamente, por el miedo que te tengo". Pero tampoco su relación con el resto de su familia fue mucho mejor: "Vivo en el seno de mi familia, en medio de las personas mejores y más amables, sintiéndome más extranjero que un extranjero. Con mi madre, en los últimos años, habré intercambiado por término medio unas veinte palabras diarias; con mi padre, nunca cambiamos apenas más que palabras de saludo. Con mis hermanas casadas y los cuñados no hablo en absoluto, sin que esté enfadado con ellos. El motivo es simplemente que no tengo una sola palabra que decirles. Todo lo que no sea literatura me aburre y lo odio, porque me demora o me estorba, aunque sólo me lo figure así". Una vez más, la literatura se interpone entre Kafka y los que le rodean. Sus tres compromisos matrimoniales frustrados no son sino una capítulo más de esta intromisión. Felice y Julie, sus prometidas, y la idea del matrimonio en general, fueron para Kafka un exceso de vida que se entrometía en su tarea literaria.

Sabemos muchas cosas de Kafka. Son muchas las biografías, retratos, conversaciones y remembranzas en las que su figura se perfila entre la de sus contemporáneos. Conocemos también sus cartas, sus diarios, las obras que juzgó indignas de publicar y, por supuesto, las que publicó. Pero a pesar de todo, su vida sigue envuelta en un misterio difícilmente comprensible. "Kafka es el gran escritor clásico de nuestro atormentado y extraño siglo", escribió Borges. Pero su vida no es comparable a la de los clásicos de los siglos pasados. No fue un actor partícipe en los grandes traumas de su época como Dante, no fue el empobrecido fundador de un género como Cervantes —con el que sin embargo tiene mucho en común—, ni dispuso del atrabiliario genio de Shakespeare. Pero aún así, la figura de Kafka es, como la de sus antecesores, la que mejor encarna el espíritu de su época. Su vida resulta a la vez familiar y extraña, una mezcla casi inverosímil de lo normal y lo insólito. Cómo pudo alguien ser a la vez un perfecto ciudadano y, simultáneamente, el mejor crítico del sistema que nos convierte a todos en ciudadanos precarios, es una pregunta que quizá sólo sus obras puedan responder. Kafka, el doctor Franz Kafka, aficionado a la natación, el remo y la jardinería, que en sus últimos años planeó instalarse en Palestina, se pasó la vida intentando desaparecer para dedicarse exclusivamente a escribir. No podemos imaginar qué le hubiera pasado a la literatura si lo hubiera conseguido.

Familia, infancia y juventud

Hermann Kafka, el padre de Franz, nació en 1852 en Osek, una pequeña aldea del sur de Bohemia, en el seno de una familia de carniceros. La vida del joven Hermann se desarrolló bajo las duras condiciones de la clase humilde judía checa, y durante su niñez y su adolescencia se dedicó a llevar de aldea en aldea, desde primera hora de la mañana, la carne que su padre comercializaba. A pesar de su precariedad económica, la familia Kafka consiguió que Hermann y sus cinco hermanos recibieran una educación sólida, y todos ellos asistieron a la escuela judía del villorrio, donde aprendieron los rudimentos del alemán. A los catorce años, Hermann abandonó su aldea natal para dedicarse a la venta ambulante, y tras cumplir el servicio militar se instaló en Praga. Allí, adoptaría todas las medidas necesarias para sobreponerse a su origen judío y rural —pasó de una sinagoga a otra según soplara el viento de la oportunidad política— y se introdujo en los ambientes germanos que, con el tiempo, le permitirían hacer fortuna en la ciudad. En 1882, y gracias a la dote matrimonial de su esposa Julie —con la que se casó tras cumplir los treinta años—, abrió una tienda de complementos del vestir que con el tiempo se convertiría en un próspero y sólido negocio.

"No hay nadie que quiera introducir tantas reformas como los niños".

Julie Löwy, en cambio, descendía de una familia piadosa y burguesa de provincia que supo combinar el pietismo con el instinto comercial y se instaló en Praga para engrosar la acomodada clase media de la ciudad. Nacida en Poděbrady, su abuelo materno era un hombre crecido en un ambiente de estricta observancia religiosa que había renunciado a su ingente labor comercial para entregarse a los estudios talmúdicos. Por parte paterna, Julie descendía de una familia de comerciantes de tejidos muy asimilada y escasamente apegada a la ortodoxia religiosa. Su madre murió muy joven, a los veintiocho años, y su viudo Jacob se volvió a casar apenas un año después de la muerte de su esposa. Los hermanos de Julie dan buena cuenta de la heterogeneidad de la familia Löwy: Alfred se instaló en España y dirigió una empresa de ferrocarriles; Josef vivió en el Congo, Asia y París; Rudolf optó por el negocio de la cerveza y vivió una vida retirada, mientras que Siegfried, el tío preferido del escritor, se dedicó a la medicina rural y al estudio.

Con todo, el dispar origen de Hermann y Julie es sintomático de la extraordinaria mezcla social y lingüística de la Praga finisecular. En aquella época, era la capital del reino de Bohemia, un reino que sólo existía sobre el papel y que formaba parte del Imperio Austrohúngaro, un inestable entramado político que daba cobijo a las más dispersas etnias, religiones y lenguas del centro y el este de Europa. Vivían en ella poco menos de 500 mil habitantes, de los cuales una inmensa mayoría hablaba en checo y una minoría —de alrededor de 30 mil personas— lo hacía en alemán, la *lingua franca* del

Imperio. Entre esta minoría de germano-parlantes había un número significativo de judíos que veían en la adopción de la lengua de prestigio un posible trampolín al ascenso social. Pero, con todo, las fronteras entre clases eran bastante férreas: el proletariado y la pequeña burguesía eran checos, mientras que los ciudadanos de origen alemán representaban la gran burguesía, los industriales y los altos funcionarios. Los judíos, a medio camino entre una cosa y la otra, representaban ejemplarmente esta diversidad: si Hermann Kafka procedía del empobrecido ambiente rural bohemio, se expresaba sobre todo en checo y vivía en el gueto judío de la ciudad, Julie procedía de la próspera e ilustrada burguesía, hablaba en alemán y residía en la plaza mayor de la ciudad vieja. Tras su boda en 1882, y quizá como reveladora ilustración de su no del todo definida posición social, se instalaron en la frontera entre ambos distritos.

Así pues, el pequeño Franz nació el 3 de julio de 1883 en la casa de la Torre I/27. Por aquel entonces, la familia Kafka vivía todavía en condiciones bastante modestas, y por ello no debe extrañarnos que se mudaran en al menos cuatro ocasiones antes de instalarse en una casa medieval de dimensiones respetables en la céntrica Staroměstské Náměstí. Durante estos años de ajetreos y traslados nacieron los dos hermanos menores de Franz, Heinrich y George, que murieron poco tiempo después de nacer, y fue ya en este último domicilio donde vinieron al mundo sus tres hermanas: Gabrielle (1889), Valerie (1890) y Ottilie (1892). La ubicación de esta casa tendría para Kafka, durante toda su vida, una significación especial. Con la excepción de algunos viajes emprendidos durante su madurez, el escritor abandonó en muy pocas ocasiones los sitios aledaños a la ciudad vieja de Praga, hecho que no dejaría de tener una especial significación en su compleja relación con la ciudad que le vio nacer. "Praga no nos soltará [...] Esta madrecita tiene garras. Hay que someterse a ella o...", escribió a su amigo Oskar Pollak años después. Es difícil esclarecer el significado de los puntos suspensivos: Kafka, muy a su pesar, no consiguió evitar el sometimiento a esa "madrecita".

En otoño de 1889, Kafka inició sus estudios elementales en la Escuela Alemana de Niños de la calle del Mercado de la Carne. Como era habitual entre las familias burguesas de Praga, toda la educación extraescolar del pequeño Franz corrió a cargo del servicio doméstico, dirigido por una institutriz francesa. Sus progenitores, dedicados en cuerpo y alma a su cada vez más próspero negocio, le veían poco; su padre pasaba la mayor parte del día en la tienda, humillando a sus empleados —a los que con frecuencia se refería como "animales" o "perros"— y sólo veía a su hijo durante el almuerzo y los domingos. Obcecado con el ascenso social e incapaz de comprender la sensibilidad de Franz, su trato con él se limitó en buena medida a la imposición de algunas normas y el dictado de unas órdenes ante las que su hijo, casi siempre, se sentía humillado o abrumado. "Sólo puedes tratar a un niño según te han hecho a ti mismo, con dureza, gritos y cólera, y en tu caso, este trato te parecía muy adecuado, porque querías que de mí saliese un muchacho fuerte y valeroso", escribiría Kafka muchos años más tarde en su *Carta al padre*. Como si esto fuera poco, Hermann siempre quiso que su hijo tomara ejemplo de su gran capacidad para los negocios y, especialmente, del espíritu de sacrificio que le había permitido salir de un ambiente paupérrimo y ascender un buen número de peldaños en el seno de la sociedad praguense. Aunque la madre intentó compensar la rudeza paterna con algunos cuidados, este contexto familiar provocó en el pequeño Franz una cerrazón y una inseguridad que, al menos con respecto a sus parientes, persistiría de por vida.

Kafka ingresó a los diez años, en 1893, en el Instituto Alemán Altstädter. No es casualidad que su padre, empeñado en el triunfo social de su hijo, decidiera matricularle en esta institución: de educación íntegramente en alemán, de ella surgían muchos de los funcionarios que trabajaban para la monarquía imperial y era considerada la más severa de la ciudad. Estaba ubicada en la Staroměstské Náměstí, cerca del domicilio familiar, en el imponente palacio barroco Goltz-Kinský.

"Tampoco el judaísmo me pudo salvar de ti".

La educación del Instituto se basaba en el estudio del latín y el griego, la historia antigua y, en menor medida, la lengua alemana. El objetivo del Instituto era inculcar en sus alumnos una panorámica visión del espíritu y la moral que, supuestamente, fundamentaba la tradición de la que el Sacro Imperio Germano —ornamental título con el que se quería describir la amalgama cultural del Imperio Austrohúngaro— se tenía por heredero. Pero su sistema pedagógico, a pesar de esta orientación humanística, se regía todavía por la férrea disciplina austrohúngara y el miedo al profesorado. Fundamentada en la memorización de largas parrafadas y completamente ajena a la realidad contemporánea, la educación del Instituto intentaba establecer un marco de conocimientos que, al menos de manera tangencial, aportara una inspiración grecorromana a los futuros miembros de la élite imperial. En cualquier caso, fuera por la rigidez de sus clases o por la imposibilidad de que un niño de diez años asimilara el espíritu de la Antigüedad, lo cierto es que la educación recibida en el Instituto no dejó en Kafka gran huella, y su afición por los escritores griegos y latinos nunca pasaría de modesta. Del mismo modo, las clases de religión que recibió en el Instituto no sirvieron sino para aumentar su aversión hacia el judaísmo. Mezcla de doctrina moral y estudio filológico del hebreo, la enseñanza religiosa del Instituto era claramente incompatible con su temprano escepticismo. Pero tampoco Hermann, que consideraba la religión un instrumento más de afianzamiento social, dotó a su hijo de un terreno más sólido en el que sustentar sus crecientes necesidades espirituales. Así se lo recordaría Franz años después:

> Ibas al templo cuatro veces al año, estabas más cerca de los indiferentes que de aquellos que lo tomaban en serio, despachabas pacientemente las plegarias como una formalidad [...] Si esto ocurría en el templo, en casa era quizá más lastimoso todavía, y nos limitábamos a la celebración de la primera noche de la Pascua, que cada vez más se convirtió en una comedia con accesos de risa [...] En el fondo, la fe que presidía tu vida consistía en dar crédito a la verdad incondicional de las opiniones de una determinada clase social judía.

Así pues, la inextricable visión académica del judaísmo que recibía en la escuela, sumada a la laxa disciplina con la que su padre cumplía con los ritos del judaísmo y a su confusa mezcla de religiosidad y pragmatismo burgués, llevarían a Kafka a alejarse de toda creencia religiosa. Al menos por el momento.

A pesar de estos incipientes conflictos con su entorno familiar y social, los testimonios de la época nos muestran un Kafka siempre bien vestido, simpático y tranquilo. Era además buen estudiante. "Todos lo apreciábamos y lo valorábamos", recordaría un antiguo compañero de clase, "pero nunca conseguimos intimar con él; era como si estuviese siempre rodeado de un muro de cristal. Con su sonrisa serena y amable, habría podido abrirse las puertas del mundo, pero él mismo se cerraba en banda". Efectivamente, Kafka —ya un lector voraz— desarrolló en esta época una singular necesidad de estar solo. Ajeno a la vida escolar, con cuyas obligaciones cumplía sin entusiasmo, y absolutamente perdido en las intrincadas relaciones familiares, el joven Franz fue rehuyendo toda compañía y, a consecuencia de su inseguridad, desarrollando un persistente miedo a llamar la atención de los demás. Fue en este período de formación, probablemente en 1897 ó 1898, cuando empezó a escribir con una cierta regularidad. Y fue también entonces cuando tomarían forma algunos de los rasgos más singulares de su carácter: a la tendencia a la soledad, como hemos visto, se sumaría una paradójica necesidad de amigos que le permitieran mantener un pie en el mundo exterior. Y también una inclinación política por un socialismo *sui generis* del que nunca renegaría.

En 1901, tras superar con éxito el examen final del bachillerato y pasar unas vacaciones con su tío Siegfried —hermano de su madre y médico rural— Kafka inició, junto a su buen amigo Oskar Pollak, estudios de química en la Universidad Alemana de Praga. Sin embargo, al cabo de dos semanas escasas de iniciar el curso, abandonó la química y, de acuerdo con el deseo de su padre, se matriculó en derecho. Pero poco después Kafka decidió una vez más abandonar sus estudios para tomar clases de arte y filología alemana, objetivo que se vio obligado a abortar tras la negativa de su padre a financiar una carrera, desde su punto de vista, tan poco pragmática. Finalmente, en otoño, retomó los estudios de leyes.

"Cuando pienso en ello, debo decir que, en muchos sentidos, mi educación me ha perjudicado mucho".

A Kafka nunca le interesó demasiado el derecho. Cursó esta licenciatura, en parte, para contentar a su padre, pero es también probable que quisiera establecer una clara frontera entre su vocación —la escritura— y su futuro empleo. Estudiante desinteresado, aprobó sin demasiadas dificultades y nulo entusiasmo todas las asignaturas de la carrera y logró licenciarse en ocho semestres, el tiempo mínimo exigido. Durante sus años universitarios, siguió leyendo abundantemente —entre otros a Nietzsche, Goethe, el diario de Amiel y al filósofo Franz Brentano, contemporáneo suyo—, asistió a numerosas representaciones teatrales en checo y alemán y participó en el Salón de Lectura y Coloquios de los Estudiantes Alemanes. Su vocación literaria se asentó —de estos años data el primer borrador de *Descripción de una lucha*— y su carácter siguió perfilándose: la lectura y la escritura le sirvieron, al menos en parte, para dar solidez intelectual a su progresivo aislamiento —un aislamiento que ya le pasaba una cuantiosa factura en su relación con sus padres—, y la búsqueda de una visión veraz y precisa de la realidad se convirtió en una de sus máximas obsesiones. Ya en este momento puede afirmarse que Kafka veía en el acto de escribir un intento de indagar y someter a juicio una realidad que se le escapaba; no cabe duda, por otro lado, de que la ausencia de convicciones religiosas le llevó a tensar todavía más su ya compleja relación con el mundo.

Además de su cada vez mayor dedicación a la escritura, Kafka se entregó en esta época a numerosas actividades de carácter intelectual y filosófico. Así, participó en numerosas asambleas políticas de carácter socialista o anarquista, se interesó por novedades científicas como el psicoanálisis y la teoría de la relatividad, conoció el vegetarianismo y el amor libre y, a partir de 1907, empezó a asistir con frecuencia al recientemente inaugurado cine de la ciudad. Es muy probable que la influencia del ya mencionado tío Siegfried desempeñara un importante papel en este conjunto de actividades más o menos revolucionarias y definitivamente modernas; es seguro que fue él, en todo caso, quien le introdujo en los movimientos naturistas y quien le despertó la afición a los baños de luz y aire, que practicaría durante toda su vida.

La carrera de derecho, pues, fue para Kafka un trámite, una ocupación obligatoria con la que siempre cumplió con una cierta impersonalidad. Pero al final del último curso, en verano de 1905, la presión de los estudios se le hizo insoportable y, debido en parte a su débil complexión, tuvo que retirarse a un sanatorio en Silesia para descansar y recuperar fuerzas. Tras su regreso a Praga, Kafka inició su preparación para los exámenes de doctorado bajo la dirección de Alfred Weber, catedrático de la Universidad de Praga. El 18 de junio de 1906, con no pocos problemas, Kafka fue investido con el grado de doctor en derecho. Tenía ante sí un año de prácticas en los tribunales —que emprendió tras una brevísima estancia en un bufete de abogados de Praga— y la necesidad de elegir, para el futuro, una profesión.

Kafka no sabía en qué clase de trabajo quería desempeñarse, pero sí tenía muy claro que el empleo elegido debía garantizarle la independencia con respecto a su familia y dejarle el mayor tiempo posible para escribir. Aunque durante algún tiempo albergó la fantasía de emigrar a Latinoamérica o marcharse a estudiar a Viena —cualquier cosa con tal de abandonar Praga—, finalmente aceptó un empleo como auxiliar en la sede praguense de Assicurazioni Generali, empresa en la que sólo permaneció nueve meses debido a su rígido régimen de trabajo. En ella, según recordaba el propio Kafka, trabajaba, por un "sueldo minúsculo", entre ocho y nueve horas diarias; el tiempo libre que le quedaba para pasear y escribir era, pues, poquísimo. "No me entero de historias, no veo gente, paso cada día a toda velocidad por cuatro calles cuyas esquinas ya me sé de memoria, y por una plaza; estoy demasiado cansado para hacer planes". Ante este triste panorama, que abortó durante ese tiempo toda actividad literaria del autor, Kafka se dispuso a encontrar un trabajo que casara mejor con sus ambiciones.

En agosto de 1908 Kafka encontró por fin un empleo a su gusto en la Compañía Estatal de Seguros de Accidentes de Trabajo del Reino de Bohemia. Aunque su primer trabajo en la empresa fue el de auxiliar interino, el auge de la actividad fabril en la zona y las características de la institución —un órgano del Imperio que atravesaba una profunda renovación después de años de déficit— propiciaron un pronto reconocimiento a su meticulosidad y su talento, que fueron recompensados con una serie de sucesivos ascensos que le valdrían, poco antes de su jubilación anticipada en 1922, el cargo de secretario general. Pero más allá del reconocimiento económico y social que su nuevo empleo le reportó, lo mejor del trabajo en la Compañía Estatal fue para Kafka su beneficiosa jornada laboral, que terminaba cada día, de lunes a sábado, a las dos de la tarde. Este horario le permitió, como veremos, dedicar un gran número de horas a la escritura y a las numerosas actividades intelectuales que en aquella época emprendería. Pero tampoco es baladí recordar las profundas consecuencias que su nuevo empleo tendría en su formación ideológica y su visión de la sociedad en que vivía.

"¿La oficina? Es totalmente imposible que algún día pueda prescindir de ella. Pero que un día deba dejarla porque no pueda más no es imposible en absoluto".

El cometido de Franz Kafka en la Compañía Estatal de Seguros consistía, a grandes rasgos, en el análisis de las reclamaciones que los empresarios cursaban ante la institución tras ser requeridos a implantar en sus fábricas ciertas medidas de seguridad para mejorar las condiciones de trabajo de sus empleados. Así pues, la vida laboral del joven abogado pasaba casi siempre por el enfrentamiento con los empresarios, reacios a gastarse un dinero extra para garantizar la salud de unos trabajadores que con frecuencia trabajaban en condiciones lamentables. Esta tarea diaria puso a Kafka —ya partidario de una visión muy personal del socialismo— en contacto con la precaria existencia de los trabajadores del Imperio, cuya integridad física en el trabajo no sólo no estaba garantizada, sino que carecía de la menor seguridad. Así, y a modo de ejemplo, el día a día de Kafka podía consistir en convencer a las grandes empresas de la necesidad de asegurar a sus trabajadores o, en un caso paradigmático, en abogar por la utilización de ejes seguros en las máquinas de cepillado de madera para evitar las frecuentes amputaciones de dedos en los operarios. De esta época son los célebres informes jurídicos del escritor, informes escritos en una prosa judicial, fría y analítica que posteriormente se filtraría en su obra literaria para poner de manifiesto la indefensión del individuo ante la maquinaria burocrática.

La influencia de este quehacer diario en su manera de entender el mundo fue, sin lugar a dudas, de gran importancia, pero lo cierto es que Kafka vivía una suerte de experiencia paralela a su vida diurna y laboral. Después de abandonar la oficina a las dos, el doctor Kafka se dedicaba a leer, escribir y participar en reuniones de carácter político, siempre de orientación socialista y, en ocasiones, nacionalista. Pero también fue en esta época cuando el escritor empezó a revisar su acusada aversión hacia el judaísmo. Es cierto que nunca abrazó ningún credo, y que para él la religión fue siempre, al menos en parte, la suma de formalidades huecas y ceremonias incomprensibles que había respirado en el hogar familiar. Pero a pesar de esto, Kafka empezó a interesarse por las expresiones culturales de los judíos del Este, ajenos a la vida urbana y burguesa y, por lo tanto, más cercanos a una supuesta "pureza espiritual". Así, Kafka asistió durante aquellos años a las representaciones teatrales en lengua yídish —siempre mal vistas por los judíos capitalinos— y entabló una duradera amistad con el actor Yitsak Löwy, con el que mantendría una relación que jamás sería aprobada por su padre Hermann, que veía en aquellas expresiones de la cultura judía una antítesis del espíritu burgués y una traba para las posibilidades de ascenso de su hijo dentro de la sociedad imperial.

Pero más allá de estas relaciones con ambientes socialistas y con judíos orientales, y de su nuevo estatus de funcionario interino, estos años fueron de gran trascendencia para la vocación literaria de Kafka. En esta época se cimentó su amistad con Max Brod, un funcionario de correos y escritor que le introdujo en el círculo de escritores de la ciudad. Fue él quien le animó a leer en público sus textos y quien buscó una salida editorial a sus obras, cuya publicación Kafka siempre permitió con recelo e inseguridad. Brod era un escritor muy productivo, con gran capacidad para relacionarse entre la sociedad literaria y un inusitado empeño en promocionar a sus amigos en el mundo editorial. Gracias a él consiguió publicar por primera vez fragmentos de su obra: en 1908 publicó en la revista *Hyperion* ocho fragmentos en prosa, y en 1909, en la misma revista, "Conversación con el suplicante" y "Conversación con el ebrio". Ese mismo año publicó en el periódico *Bohemia*, de nuevo gracias a la intermediación de Brod, el relato "Los aeroplanos en Brescia", fruto de las observaciones de un viaje realizado con su amigo a Riva. También en *Bohemia* se publicarían, en 1910, cinco fragmentos en prosa titulados "Contemplaciones". El papel de Brod en la recepción de la obra de Kafka sería de una importancia capital, aunque lo cierto es que algunas de sus decisiones como albacea de su amigo son, cuando menos, discutibles.

A medida que pasaba el tiempo, sin embargo, el cisma entre sus obligaciones laborales y su dedicación literaria iba creciendo. El 19 de febrero de 1911 —un año después de que Kafka iniciara la redacción de su célebre diario—, tras su debut como escritor publicado y poco tiempo antes de emprender la redacción de sus obras mayores, expresó significativamente esta incómoda dualidad en una carta que hizo llegar a su superior en la Compañía para excusar su ausencia en el trabajo:

> Cuando he ido a levantarme de la cama, simplemente me he desplomado. El motivo es muy sencillo, estoy completamente agotado. No por culpa de la oficina, sino de mi otro trabajo [...] Para mí esta es una espantosa doble vida, de la que probablemente no habrá más escapatoria que la locura.
>
> Por lo demás, mañana me habré sin duda recuperado y podré ir a la oficina, donde lo primero que oiré es que usted quiere echarme de su sección.

La franqueza de esta misiva —que recordemos que no tenía por destinatario a un amigo sino a Eugen Pfohl, su jefe— revela no sólo las dificultades con que Kafka sobrellevaba la incompatibilidad entre sus "dos trabajos", el de la oficina y el de la literatura, sino también, y quizá de un modo subterráneo, la simpatía y el humor que el escritor desplegaba ante la gente que le rodeaba.

También durante estos años de debate entre el trabajo y la literatura, Kafka emprendió sus primeros viajes de entidad: tras la excursión a Riva con Brod ya mencionada, le siguió París en 1910, Italia en 1911 y, tras una estancia en el sanatorio de Erlenbach, Weimar y de nuevo un sanatorio, en este caso el de Jungborn, donde se sometería a una cura de reposo de carácter naturista. Esto fue en el verano de 1912, probablemente el año más importante de Kafka como escritor.

Plenitud literaria

Kafka ya era, en 1912, buena parte de lo que sería durante el resto de su vida. Con veintinueve años, había establecido una relación ambigua con la religión de sus antepasados, se había distanciado de su familia debido a su carácter introvertido y la obcecación de su padre y había empezado a experimentar dramáticamente la dualidad entre su experiencia laboral diurna y su vocación literaria nocturna. Pero al mismo tiempo, se había integrado en la maquinaria social germano-parlante, tenía un buen empleo, gozaba de la amistad de algunas personas muy valiosas y sus primeras publicaciones en revistas le habían valido el reducido pero entusiasta reconocimiento de la sociedad literaria praguense. Pese a todo esto —o a resultas de todo ello—, Kafka ya era en ese momento un hombre angustiado y débil, esquivo pero extraordinariamente amable y devoto de quienes le demostraban su amor; un excelente empleado que odiaba su trabajo y un escritor que, con muchas dificultades, iba escribiendo a rachas algunas obras cuya importancia él nunca llegaría a sospechar.

Este precario equilibrio, sin embargo, se vería alterado muy pronto por un acontecimiento que influiría decisivamente en la vida del escritor. La noche del 13 de agosto de 1912, en el domicilio de Max Brod, Kafka conoció a Felice Bauer. Era ella una judía berlinesa, pariente del cuñado de Brod, que estaba en Praga de camino hacia Budapest, donde planeaba visitar a su hermana. Trabajaba para la Carl Lindström AG, empresa dedicada a la fabricación de gramófonos y otros aparatos eléctricos, donde se había desempeñado como mecanógrafa y, ya entonces, ocupaba un puesto de cierta responsabilidad. Durante la reunión —que se había convocado, sobre todo, para que Brod echara un vistazo a los textos que compondrían *Contemplación*, el primer libro de Kafka—, la conversación osciló entre un tema y otro, pero en algún momento Felice mencionó su interés por la lengua hebrea y Kafka, quizá bromeando, le propuso que viajaran juntos a Palestina para tener una visión directa del embrionario estado nacional judío, propuesta que ella aceptó. No sabemos hasta qué punto este proyecto común fue resultado de un intrascendente intercambio de cortesías entre dos personas a las que acababan de presentar, pero no cabe ninguna duda de que Kafka se tomó muy en serio la idea de viajar con Felice o, al menos, de establecer una relación, de naturaleza todavía incierta, con ella.

"Extraño, misterioso, quizá redentor consuelo de la actividad literaria".

En septiembre del mismo año Kafka escribió por primera vez a Felice para recordarle el viaje que habían acordado. Pero ella tardó en contestar, y cuando lo hizo, fue con frialdad. A pesar de este revés provisional, Kafka se encontraba en un período especialmente productivo desde un punto de vista literario, y acababa de tener la experiencia que cambiaría para siempre su relación con la escritura. Pese a los quebraderos de cabeza que le provocaba la supervisión de la Fábrica de As-

besto de Praga Hermann & Co. —empresa de su cuñado Karl
Hermann de la que su padre le había cedido una participación
para que asegurara los intereses de la familia Kafka en ella—,
Franz acababa de escribir de un tirón *La condena*, y estaba
experimentando una euforia creativa inédita en su trabajosa
pelea con la escritura:

> Esta historia, *La condena*, la he escrito de un tirón la noche del
> 22 al 23 [de septiembre], de las diez de la noche a las seis de la
> mañana. Apenas podía sacar las piernas de debajo del escritorio,
> rígidas tras tanto tiempo sentado. Terrible esfuerzo, y alegría de
> ver cómo la historia se desplegaba ante mí como si avanzara por un
> lago [...] Sólo así se puede escribir, sólo en una situación así, con
> tan plena apertura de cuerpo y alma.

Si hasta entonces su obra había ido naciendo con un es-
fuerzo y una lentitud casi crueles —llevaba nueve meses pe-
leándose con la novela *El desaparecido*—, ahora por fin sus
ejercicios de estilo cuajaban en una obra intensa, sólida, que
le había surgido con una naturalidad que ni siquiera él mismo
habría podido prever. La presencia del padre, la puesta en
duda de las leyes que rigen la cotidianidad y, especialmente, la
plasmación de un universo literario que mucho más tarde se
conocería con el nombre de "kafkiano", habían aflorado por
primera vez en esta narración.

Y es que al fin Kafka había logrado escribir como deseaba
hacerlo. Su peculiar concepción de la escritura, una actividad
que, como señala Joachim Unseld, tenía para él más una "fun-

ción cognoscitiva que pretensiones artísticas", hubo de verse enormemente alterada por la redacción en ocho horas de su primera obra cumbre. No se trataba exactamente de un momento de inspiración, sino de la consecuencia a la vez lógica y repentina de su cada vez mayor dedicación a la literatura, una dedicación que corría en paralelo a su creciente rechazo a las obligaciones de la vida burguesa. En todo caso, *La condena* vino a significar para Franz "un auténtico parto, todavía cubierto de suciedad y de humores", la afirmación de su carácter de escritor. Y una dosis de confianza que, junto a la entrada en su universo de Felice Bauer, le abrió nuevas expectativas: Kafka acababa de descubrir que no sólo podía superar su sensación de impotencia con respecto a la literatura, sino que tal vez, y sólo tal vez, que podía salir de su enclaustramiento personal a través de una relación prometedora.

Tras este inmenso triunfo personal —cuya trascendencia se hace evidente en el hecho de que el escritor leyera en voz alta su narración el 24 de septiembre, en casa de Oskar Baum— Kafka reemprendió *El desaparecido*, proyecto que ya había medio descartado. "Kafka en increíble éxtasis", escribiría Max Brod acerca de su amigo en estas fechas. Pero por si su fiebre creativa fuera poco, ese mismo mes Kurt Wolff aceptó publicar *Contemplación*, un librito de prosas de noventa y nueve páginas, de letra inmensa y generosos márgenes, que empezaría a distribuirse a principios de diciembre. Kafka no acabó de verlo claro: sus recientes avances literarios le llevaban a observar con cierta displicencia una obra que ahora le parecía la de un primerizo; sin embargo, a pesar de todo, el libro se publicaría. Pero el autor ya veía hacia dónde debían dirigirse sus nuevas obras.

Kafka estaba satisfecho: por fin sus esfuerzos literarios parecían tener un reflejo material, y a su satisfacción por la escritura de *La condena* se sumaba el gozoso trabajo de reescritura de *El desaparecido*. Pero el rendimiento de la empresa familiar seguía sin ser el esperado, y Hermann y Julie no dudaron en hacer responsable de ello al desinterés de Franz. Aunque sus horas de escritura nocturnas eran más fructíferas que nunca, el irregular desempeño de la fábrica había provocado que su familia se volviera de nuevo contra él y su extraña forma de vida; tras salir de la Compañía Estatal a las dos de la tarde, en lugar de dirigirse a la fábrica para supervisar su funcionamiento, perdía la tarde durmiendo o haciendo gimnasia y escribía hasta la una o las dos de la madrugada. Incluso Ottilie, tradicional aliada de su hermano ante el resto de la familia, le estaba dando la espalda por primera vez. En una carta a Brod escrita en mitad de esta crisis económica y familiar, Franz explicaba:

> [Vi] con total claridad que para mí no había más que dos posibilidades, o tirarme por la ventana cuando todos se fueran a dormir, o ir diariamente a la fábrica y a la oficina de mi cuñado [...] Lo primero me daba la ocasión de librarme de toda responsabilidad, tanto por el trastorno de la escritura como por el abandono de la fábrica; lo segundo interrumpía forzosamente mi escritura.

Finalmente, Kafka no hubo de hacer una cosa ni la otra.

La crisis de la Fábrica de Asbesto de Praga no quedó cerrada, pero gracias a la intermediación de Brod, que tranquilizó a Julie y trató de hacerle ver la importancia de las actividades nocturnas de Franz, los ánimos parecieron calmarse. Al menos así lo atestiguan los diarios y cartas del escritor.

Y es que algo más importante le estaba sucediendo. Tras algunos titubeos y malentendidos, el 23 de octubre Kafka recibió la primera carta extensa y claramente afectuosa de Felice —a la que ésta adjuntó una flor—. A partir de entonces su correspondencia sería abundante, y ya desde las primeras semanas intercambiarían varias cartas a la semana. Felice describía los detalles de su vida cotidiana, le hablaba de sus visitas a los teatros o de las revistas que leía y, reiteradamente, le pedía a Franz que hiciera lo mismo, que desplegara ante ella una imagen de su intimidad que le permitiera hacerse una idea cabal del joven funcionario con el que se estaba escribiendo. Kafka, sin embargo, no lograba hacerlo. Celoso de su intimidad y acostumbrado a poner por escrito solamente aquello que tenía que ver con sus intereses literarios, las cartas de Franz a Felice de aquella época son evidentemente forzadas; en todas ellas parece que el cortés corresponsal se esté disculpando por seguir hablando solamente de sí mismo y de su compleja relación con el acto mismo de escribir. Durante algún tiempo su incapacidad para exponer ante Felice su "forma de vida", sus ocupaciones cotidianas, tiñó de provisionalidad la relación entre ambos. Ya el 9 de noviembre estas dificultades se hacían evidentes en una carta escrita por Kafka que no sabemos si llegó a mandar:

No debe escribirme más, y yo, a mi vez, no le escribiré más [...]
Si quiere que le devuelva sus cartas, se las mandaré, por supuesto,
aunque me gustaría quedármelas. Si realmente las quiere, escríbame
una postal sin nada más que la señal de que así es. Por favor, olvide
el fantasma que soy y viva feliz y en paz como hacía antes.

Pero a pesar de este episodio de rechazo, que no tardaría
en repetirse, la relación prosiguió, las cartas fueron de Praga a
Berlín y viceversa con gran regularidad, y sólo de vez en cuando pareció que un peligro real se cernía sobre la pareja: los
entusiastas corresponsales apenas se ha-
bían visto unas horas en casa de Brod, y "Sísifo era soltero".
es probable que la fantasía de Kafka y el desbordamiento de
Felice hicieran que ambos tuvieran una idea del otro totalmente alejada de la realidad. Así parecen señalarlo las cartas
de la época.

En todo caso, el establecimiento de esta relación a distancia
no fue sólo el principio de una tortuosa relación amorosa,
sino también la continuación, por otros medios, de la obsesión
de Kafka por la escritura. Nada, ningún aspecto de la vida,
era visto por el autor desde una óptica ajena a la literatura, y
así lo puso de manifiesto cuando, ante la preocupación de la
familia de Felice por el gran número de cartas que ésta recibía
de un caballero desconocido, Franz mandó un texto de presentación que, probablemente, Felice no mostrara a nadie:

Mi vida consiste, y en el fondo ha consistido siempre, en intentos de escribir, en la mayoría de los casos fallidos. Pero si no

escribiera yacería en el suelo, digno de ser barrido. Mis fuerzas han sido desde siempre miserablemente pequeñas y, aunque no lo reconociera abiertamente, se desprende por mí mismo que tenía que ahorrar fuerzas por todas partes, perderme un poco de todo, para tener las fuerzas suficientes en caso de necesidad para lo que me parecía mi principal objetivo [...] En una ocasión me hice una lista detallada de lo que había sacrificado a la escritura y de lo que se me había quitado por la escritura, o mejor dicho, de aquello cuya pérdida sólo yo podía soportar con esa explicación [...]

Ahora he ampliado mi vida al pensar en usted, y apenas hay un cuarto de hora del tiempo que paso despierto en el que no haya pensado en usted, y muchos cuartos de hora en los que no hago otra cosa. Pero incluso esto está relacionado con mi escritura, sólo la marea de la escritura me determina, y sin duda en una época de escritura débil jamás habría tenido el valor de dirigirme a usted [...]

Mi forma de vida sólo está orientada a la escritura, y si experimenta cambios es sólo para corresponder lo mejor posible a la escritura, porque el tiempo es corto, las fuerzas son pequeñas, la oficina es un horror, la casa es ruidosa y hay que tratar de abrirse paso con obras de arte, cuando no es posible tener una vida hermosa y rectilínea [...]

Para ser exactos, no puedo olvidar que no sólo soy funcionario, sino también fabricante. Mi cuñado tiene una fábrica de asbesto, de la que yo (aunque sólo con un depósito de mi padre) soy socio, y como tal figuro en las escrituras. Esta fábrica me ha dado ya suficientes molestias y preocupaciones, de las que no quiero hablar ahora; en cualquier caso, la tengo abandonada desde hace mucho tiempo (es decir, le sustraigo mi, de todos modos, inútil colaboración) en la medida de lo posible, que es bastante.

Pocos fragmentos de toda la obra de Kafka resultan tan ilustrativos como esta presentación imposible. La vida de Kafka consistía en "intentos de escribir" casi siempre "fallidos", pero era esa propia escritura lo que le salvaba —si bien precariamente— de la aniquilación mental. La debilidad física, la oficina, la fábrica, incluso la aparición de una mujer en la que tanto pensaba, no eran sino estorbos que se interponían en un fracaso. A pesar de hallarse en un momento de especial productividad literaria, Kafka distaba del "increíble éxtasis" que le atribuyó Brod en aquellos meses, pero ello no impidió que las cartas entre Franz y Felice se convirtieran, a partir de mediados de noviembre, en las de dos enamorados que se intercambiaban fotografías y sueños y se hacían reír mutuamente con historias disparatadas y descripciones, por parte de Kafka, de la grotesca vida burocrática.

Y así fue hasta que, en un giro casi detectivesco impropio de la vida de Franz, su madre Julie no pudo evitar leer una carta de esa mujer misteriosa que su hijo había dejado en el bolsillo de una de sus chaquetas. Julie llevaba tiempo preocupada por él: no sólo desatendía sus obligaciones empresariales, sino que además estaba echando a pique su salud con unos hábitos incomprensibles. Además, su relación con el resto de la familia era casi nula, y no eran pocas las ocasiones en que su comunicación se limitaba al saludo. Así que, tras leer esa carta y percibir la influencia que aquella mujer desconocida podía tener en su hijo, decidió establecer con ella una complicidad que le permitiera reconducir la insensata conducta de Franz. Y para ello, le imploró que colaborara en su intento de enderezar a su hijo. "Hace años que sé que se dedica a escribir en sus horas de ocio", le escribió Julie a Felice:

> Pero consideraba que sólo se trataba de una forma de pasar el tiempo [...] Come y duerme tan poco que socava su salud y temo que sólo se dé cuenta cuando, Dios no lo quiera, sea demasiado tarde. Por eso le ruego que le llame a su modo la atención y le pregunte cómo vive, qué come, cuántas comidas hace, en qué forma distribuye su jornada. Sin embargo, no debe sospechar que le he escrito.

Es de imaginar el enfado de Kafka cuando descubrió, gracias a un comentario descuidado de Brod, que su madre escribía en secreto a su novia para pedirle que intercediera en su favor. Aquel incidente no hizo sino confirmar lo que Franz ya sabía. Sus padres eran unos impertinentes que no le dejaban, a él, a su hijo adulto, hacer su vida, y no habían tenido el menor escrúpulo en manipular a una persona a la que ni siquiera conocían para favorecer sus intereses. Aquel incidente acabó en uno de los raros estallidos de furia de Franz. En lugar de retirarse a su habitación y ceder en silencio a los designios de su familia, el escritor enumeró sus reproches uno por uno y se enfrentó abiertamente a su madre. Las consecuencias de ello fueron inesperadamente benéficas. Quizá como si se hubieran arreglado algunas cuentas pendientes, las relaciones familiares parecieron ser más fluidas a partir de entonces. Julie incluso escribió una carta de disculpa a Felice por su intromisión. La relación epistolar entre Franz y ella prosiguió como si nada hubiera sucedido. Por aquel entonces, ya habían desplazado el ceremonioso "usted" en favor del más íntimo "tú".

Pero todo esto sucedía mientras el autor, en una de sus escasas pero provechosas rachas de escritura fértil, seguía trabajando en *El desaparecido*. Tras la fulgurante redacción de *La condena*, como ya hemos dicho, Kafka reemprendió la escritura de esta novela de iniciación en la que un adolescente llamado Karl Rossman va descendiendo en la sociedad americana desde la protección de un rico tío neoyorquino hasta los ambientes más sórdidos de la gran ciudad. Se trataba de un proyecto extremadamente ambicioso, con infinidad de personajes y de escenarios que debían mostrar a las claras la visión kafkiana de la esperanza y el fracaso. *El desaparecido*, recordaría mucho años más tarde Max Brod, "era la única obra de Kafka que debía terminar con una nota optimista, con una visión de amplio alcance de la vida". El joven Rossman es echado de casa por sus padres porque ha seducido a una criada, y a partir de ahí, la idea de Kafka de la expulsión, de la fatal incomprensión de las leyes que rigen el hogar, asume la voz de la narración y tira de sus riendas por la alucinatoria América moderna, la América de la tecnología y la luz vista por un ojo dickensiano. Sin embargo, la trabajosa redacción de *El desaparecido* no resistía comparación con la fulgurante escritura de *La condena*. A pesar de sus muchísimos esfuerzos, *El des-*

aparecido quedaría inacabada y sólo se publicaría póstumamente, con la salvedad del primer capítulo, *El fogonero*, que se publicó de forma autónoma en mayo de 1913.

Los orígenes de una obra en la mente de su autor son casi siempre un secreto para el lector, y probablemente no está mal que así sea. Pero el caso de Kafka es, de nuevo, distinto, y sabemos bien, casi demasiado bien, cómo se le ocurrió la historia que se convertiría en una de las narraciones nucleares del siglo XX: *La transformación*. Fue el domingo 17 de noviembre de 1912 por la mañana: Kafka estaba cansado y no quería levantarse, la redacción de *El desaparecido* no andaba bien y oía, al otro lado de la puerta, los ruidos familiares. Aunque la idea de

> "Sin antepasados, sin matrimonio, sin descendientes, con unas ganas tremendas de tener antepasados, de casarme, de tener descendencia".

representar a seres humanos animalizados ya le rondaba por la cabeza desde hacía tiempo, fue en ese instante, mientras sentía cómo el frío se colaba en la habitación y daba vueltas en la cama como haría Gregor Samsa, cuando decidió abandonar momentáneamente su novela para dedicarse en cuerpo y alma a esta narración. "Al despertar Gregor Samsa una mañana tras un sueño intranquilo, se encontró en su cama convertido en un monstruoso insecto", empieza *La transformación*:

> Estaba echado sobre el duro caparazón de su espalda y, al alzar un poco la cabeza, vio la figura convexa de su vientre oscuro, surcado por curvadas callosidades, cuya prominencia apenas si podía aguantar la colcha, que estaba visiblemente a punto de escu-

rrirse hasta el suelo. Innumerables patas, lamentablemente escuálidas en comparación con el grosor habitual de sus piernas, ofrecían a sus ojos el espectáculo de una agitación sin consistencia.

¿Qué me ha sucedido?, pensó...

Así se inicia esta implacable reflexión sobre la identidad y la soledad, la historia del abandono que sufre por parte de su familia un joven que despierta convertido en insecto. *La transformación* es Kafka destilado, la mejor expresión de su universo doméstico y de su conflicto familiar. Y quizá su mayor hallazgo formal. "Fíjense bien en el estilo de Kafka", escribió Nabokov. "En su claridad, en su tono preciso y formal, en acusado contraste con el asunto pesadillesco de la historia. No hay metáforas poéticas que adornen esta historia en blanco y negro. La nitidez de su estilo subraya la riqueza tenebrosa de su fantasía". La fantasía de un hombre que se veía ya incapaz de relacionarse con sus padres, y que se temía que no iba a poder salir de su enclaustramiento a pesar de su incipiente relación con una joven berlinesa.

Y es que mientras escribía *La transformación*, a finales de noviembre y principios de diciembre de 1912, Kafka decidió, en contra de lo planeado, que no pasaría las vacaciones de invierno en Berlín con Felice. No estaba dispuesto a interrumpir su racha creativa con un viaje, aunque ello significara que no iba a poder ver por segunda vez a su novia. No es improbable, además, que Kafka temiera enfrentarse en persona a Felice, como si la imagen que se había forjado de ella a partir de sus cartas fuera sin duda preferible —o al menos más segura—

que la real. En cualquier caso, este patrón de conducta se repetiría una y otra vez a lo largo de los meses: Franz se acercaba a Felice, hacía una vaga promesa de visitarla o de viajar con ella, e inmediatamente después se arrepentía y se desdecía o buscaba una excusa, muchas veces basada en su propia actividad literaria. En este sentido, esta vez le sirvió de poco. Tras acabar *La transformación*, Kafka volvería a sumirse en la improductividad. Acababa de publicarse *Contemplación*.

El año de 1912, y especialmente sus últimos meses, fueron, como hemos visto, de una gran trascendencia para la vida del escritor. Había escrito al menos dos obras de gran calado, había conocido a una mujer con la que tal vez tuviera algún futuro y, además, acababa de publicar su primer libro, la única prueba material para los demás de su dedicación a la escritura. Sin embargo, Kafka no escribió, a lo largo de todo 1913, un solo texto relevante. Estaba atormentado: la casa bullía por los preparativos de la boda de una de sus hermanas, no dejaba de viajar por asuntos de trabajo de la Compañía Estatal, estaba apesadumbrado por su papel en la crisis de la Fábrica de Asbesto y su relación con Felice iba y venía en un mar de dudas y sutiles reproches. Seguían intercambiando varias cartas semanales —Felice llegaba a escribirle dos al día—, se mostraban afecto y comprensión, pero Franz seguía sin tener claro el futuro: no se veía como marido, ni como padre; estaba convencido de que haría desdichada a la mujer que decidiera unirse a él. Para zafarse de su malestar, como tenía por costumbre desde hacía mucho tiempo, Kafka iba a nadar, remaba en el Moldava o practicaba la jardinería.

Pero esta situación tuvo una resolución inesperadamente súbita. Finalmente, Franz fue a Berlín durante las vacaciones de Semana Santa de 1913. En su segunda visita, el domingo de Pentecostés, conoció a la familia Bauer y durante las semanas posteriores pensó en la posibilidad de pedir formalmente la mano de Felice. A pesar de sus muchos miedos, el 8 de junio al fin decidió preguntarle a Felice si quería casarse con él. Fue una petición singular.

> Ten en cuenta, Felice, que en vista de esta incertidumbre es difícil tomar la palabra y tiene que sonar extraño. Es demasiado pronto para decirlo. Pero después será demasiado tarde, ya no habrá tiempo para discutir tales cosas como mencionabas en tu última carta. Pero ya no hay tiempo para demasiadas dudas, por lo menos yo lo siento así, y por eso te pregunto: ¿Quieres en las condiciones antes mencionadas, y, por desgracia, no subsanables, considerar si quieres ser mi esposa? ¿Quieres?

Las "condiciones antes mencionadas" se detallaban en las dieciocho páginas anteriores, puesto que Kafka, verdadero grafómano, necesitó ese espacio para pedirle a aquella mujer que se casara con él.

¿En qué consistían? Si Felice se casaba con él, decía, tendría que acostumbrarse a la convivencia con un hombre tímido, inmaduro, infeliz, obsesionado con la escritura y la soledad. Además, debía saber que iban a contar con poco —Kafka menciona sus ingresos—, que sus padres probablemente no les apoyarían y que además su salud no era buena.

Pero si a pesar de todo esto, ella quería casarse con él, habría boda.

No es probable que existan muchas peticiones de mano más disuasivas. Pero en todo caso la respuesta fue *sí*. El 14 de agosto, Franz escribió al padre de Felice y recibió, de nuevo, una respuesta favorable. A pesar de ello, el atemorizado e inseguro novio siguió dando sus extraños pasos, primero hacia Felice, luego en dirección contraria. Así, su primera decisión tras la respuesta afirmativa de la que había de ser su esposa y del *placet* de su futuro suegro, fue poner tierra de por medio. Pese a lo acordado, aquel verano declinó pasar las vacaciones con su prometida y prefirió ir a Viena al Congreso Internacional de Prevención de Accidentes junto a sus superiores en la Compañía Estatal, que presentarían en público las ponencias en las que Franz había trabajado durante semanas. Desde allí partió, ya solo, hacia el norte de Italia, y se alojó en el sanatorio del doctor Von Hartungen de Riva hasta el 13 de octubre.

Franz conoció allí a una muchacha suiza de apenas dieciocho años, Gerti Wasner, con la que mantuvo un fugaz romance del que sabemos poco. Debió de ser una relación sin más expectativas, alegre; una mera diversión pasajera. Nunca habló de ella con nadie y es probable que nunca la recordara como un episodio de amor sino, más bien, como la perfecta encarnación de lo contrario al matrimonio, al que cada vez temía más, especialmente ahora que ya había dado el primer paso. En todo caso, el encuentro sexual le sirvió a Kafka para recuperar el ánimo. "Creo que me he rehecho un poco", anotó en su diario tras su regreso.

Franz visitó a Felice en noviembre. Tenía ya muchas dudas de que su compromiso pudiera seguir adelante: seguía pensando que el matrimonio era un yugo excesivo para él, que no podría seguir escribiendo sabiéndose a cargo de otra persona, que la soledad se convertiría en un bien rarísimo. Además, su tarea literaria era del todo infructuosa desde hacía meses, apenas escribía nada más que cartas y su diario, y estaba convencido de que algo tenían que ver con ello sus tribulaciones sentimentales. En cualquier caso, la visita fue un fracaso y nada salió en claro de ella. La relación no se interrumpió, pero ambos parecieron entender que se hallaba en un punto muerto.

A su regreso a Praga, Franz escribió repetidamente a Felice, pero ésta no le contestó durante casi un mes. En condiciones normales, su relación habría acabado aquí: ambos eran conscientes de que su relación *en persona* no funcionaba, y que el universo que habían ido tejiendo en su correspondencia no se tendría en pie con la convivencia real. Pero Kafka, una vez más, siguió aferrado a su relación con Felice y siguió tratando de retenerla explicándole detenidamente por qué ella no debía permitírselo:

Piensa, Felice, en los cambios que un matrimonio traería para nosotros, lo que cada uno perdería y ganaría. Yo perdería mi soledad, la mayor parte de las veces horrible, y te ganaría a ti, a quien amo más que a nadie. Pero tú perderías tu vida anterior, con la que estabas casi completamente satisfecha. Perderías Berlín, la oficina que te gusta, tus amigas, los pequeños placeres, la expectativa de casarte con un hombre sano y alegre, tener los hijos hermosos y sanos que, si te paras a pensarlo, anhelas. En lugar de esa pérdida inestimable, ganarás a un hombre enfermo, casi desesperado, cuya quizá única virtud es que te ama.

Como nunca dejaría de ser habitual, Kafka pretendía retener a Felice con unos argumentos que, aparentemente, jugaban en su contra, y a principios de enero de 1914 le mandó una carta reiterándole su proposición de matrimonio. Felice no contestó. En mayo de 1914, tras una nueva reconciliación, Felice viajó a Praga con la intención de fijar una fecha para la boda. Incluso alquilaron y amueblaron un piso, y decidieron que un mes más tarde, en Berlín, Franz pediría su mano oficialmente ante los Bauer. Pero durante estas maniobras de alejamiento y aproximación al matrimonio, Kafka nunca olvidó que todas las rupturas anteriores, todas las dudas, tenían como origen su miedo a que su tarea literaria se viera perjudicada. Finalmente sucedió lo predecible: Felice, tras tantas vacilaciones, se dio cuenta de lo que el propio Kafka le había advertido en tantas ocasiones: ¿iba a dejarlo todo, su ciudad, su trabajo, sus amistades, sus aficiones, por un hombre solitario que ponía reparos a la decoración excesivamente burguesa de su nueva casa y esperaba que el menú del matrimonio fuera estrictamente vegetariano? ¿Renunciaría a todo lo que tenía, incluso al ritual judío de la boda, por él? Tras una breve reunión, las cosas quedaron claras. El compromiso se rompe. Franz pasa por la casa de los que no serán sus suegros y les informa de que la boda no se va a celebrar. Se va al Báltico con su amigo Ernst Weiss.

En 1913 y la primera mitad de 1914, como hemos visto, la actividad literaria de Kafka fue escasa. Escribió en su diario y numerosas cartas, pero fueron casi dos años de paréntesis antes de la escritura de *El proceso* y *En la colonia penitenciaria*. Sin embargo, a finales de 1912 se publicó *Contemplación*, y en mayo de 1913, *El fogonero*. También en mayo se publicaría *La condena* en *Arcadia*, el almanaque que Max Brod editaba para Kurt Wolff. Kafka empezaba a contar con una cierta reputación entre los escritores y críticos praguenses: aunque su éxito no podía ser comparable al de otros escritores en lengua alemana como Thomas Mann o Bernhard Kellermann —los éxitos del momento—, su editor se mostraba receptivo con sus infrecuentes propuestas y sus libros circulaban con normalidad. A ningún lector enterado se le podía haber pasado por alto la literatura de aquel amable funcionario casi invisible —pero no del todo—, que a pesar de ir insertándose cada vez más en la sociedad literaria germana, seguía prefiriendo irse a nadar que maquinar en las camarillas y grupos de escritores tan habituales por aquel entonces. No escribía en prensa, no publicaba libros con excesiva asiduidad ni era complaciente con sus propias obras, cuya entrega a su editor demoraba más allá de lo razonable. A pesar de todo ello, Kafka le planteó a Wolff la publicación en un solo volumen de *La condena, El fogonero* y *La transformación* bajo el título de *Los hijos*, pero el proyecto se fue demorando: puede que el propio editor se olvidara de ese libro, pero lo que es

"Y no sólo me amenazan los enemigos exteriores, también los hay en las profundidades de la tierra".

seguro es que Kafka retrasó la entrega de *La transformación* un año más. Kafka, pues, seguía con sus reticencias y demoras, pero al menos se había reconocido a sí mismo como un escritor con una cierta incidencia en la vida literaria de su ciudad. Sin embargo, todo iba a cambiar entonces: había roto su compromiso con Felice, iba a estallar una guerra que desgajaría el Imperio y Franz, por primera vez a sus treinta y un años, iba a abandonar el domicilio paterno.

El 28 de junio de 1914, el heredero del trono austrohúngaro fue abatido en Sarajevo por los disparos de terroristas serbios. Este hecho, como es bien sabido, fue el origen —o la excusa— de la Primera Guerra Mundial, la Gran Guerra, en la que murieron 1,45 millones de austrohúngaros, 1,6 millones de alemanes, 2,3 millones de rusos y 1,35 millones de franceses, por ceñirnos al continente europeo. La Gran Guerra, que propició la disolución del Imperio Austrohúngaro y que inició a marchas forzadas el nuevo diseño de Europa que la Segunda Guerra Mundial ratificaría. No es que el conflicto fuera imprevisible: el militarismo germano, sumado a la cada vez más inestable relación que mantenían entre sí las muchas minorías étnicas y religiosas que conformaban el Imperio, hacía que casi pareciera inevitable que en algún momento aquel cuerpo exhausto tratara de rehacerse o desaparecer enfrentándose a la vecina Francia, la odiada Inglaterra, el enemigo eslavo del Este o todos a la vez. Pero en cualquier caso, el riesgo era enorme. Por un lado, la invasión de Serbia conllevaría inevitablemente la guerra contra Rusia, una Rusia fortalecida militarmente. Además, tanto el Imperio Austrohúngaro como la Rusia zarista podían perder algo más que la guerra: podían desencadenar una revolución de carácter comunista que, efectivamente, se produjo pocos años después en lo que sería la Unión de Repúblicas Socialistas Soviéticas. Tampoco Alemania parecía tener mucho que ganar: su entrada en guerra implicaría la alianza inequívoca de todos sus enemigos, con lo cual quedaría cercada y sin posibilidades de expansión. Pero nada de esto importó. La población estaba enfebrecida y los altos cargos gubernamentales querían que sucediera algo, lo que fuera, para acabar con la incertidumbre. De modo que nadie se sorprendió cuando, el 1 de agosto, Guillermo II declaró la guerra a Rusia y todo el Imperio se sumó al entusiasmo patriótico y belicoso.

"2 de agosto. Alemania ha declarado la guerra a Rusia. Por la tarde, Escuela de Natación". Esto es todo lo que a Kafka se le ocurrió escribir en su diario el día en que el rostro de Europa cambió para siempre. Es probable que esta concisión fuera una respuesta al alud de retórica patriótica que en aquel momento invadió Praga. No cabe duda de que a Franz —que a causa de su mala salud había sido eximido del servicio militar— aquella montaña de frases, himnos y hurras le debió de asquear, y tal vez tratara de aislarse completamente de un acontecimiento tan tenebroso por pura higiene mental. Y es que el fervor patriótico era insoportable. Se escribieron poemas de guerra, un buen número de intelectuales justificó la invasión de Bélgica, incluso escritores de la altura de Thomas Mann se apuntaron al griterío. Las masas, de más está decirlo, apoyaban con virulencia la acción armada: parecía que con ella pudiera producirse una regeneración moral, un cambio en la corrupta mentalidad de las nuevas generaciones. Pero a pesar de todo esto, no deja de sorprender esta escueta inscripción en su diario: Franz, por razones que son difíciles de explicar, no dedicó más de cincuenta líneas a la Primera Guerra Mundial. En cualquier caso, la movilización fue tal que nadie, tampoco él, pudo escapar de la magnitud del conflicto. Para empezar, fueron destinados al frente algunos de sus amigos y también sus cuñados. Y de ello se derivó la primera consecuencia directa que la guerra tuvo para Franz. Su hermana Gabrielle, aterrorizada por la movilización de su esposo, se instaló en el hogar paterno junto a sus dos hijos. No había en la casa, pues, sitio para todos, y era Franz el que mejor podía valerse por sí mismo. Era un hombre adulto, no tenía cargas, así que fue el sacrificado de la familia y se marchó a la casa vacía de su otra hermana, Valerie, que se había marchado a casa de sus suegros. Por primera vez en su vida, Franz Kafka se dispuso a vivir solo.

Sin Felice, sin su familia: Kafka había logrado lo que tanto tiempo hacía que anhelaba: la soledad. Y ello contribuyó inmediatamente a su actividad literaria. Tras el paréntesis de un año y medio, ese mismo mes de agosto Kafka emprendió la escritura de *El proceso*, su segunda novela, que también dejaría inacabada. "Alguien debía de haber calumniado a Josef K., porque, sin haber hecho nada malo, fue detenido una mañana", empieza el relato, y en ese mismo instante el lector, que ya sabe qué es el mundo "kafkiano" porque lo ha visto en el hijo de *La condena*, el niño de *El fogonero* y el escarabajo de *La transformación*, se encuentra ahora en su versión más elaborada y potente. *El proceso* es la obra en la que Kafka consiguió expresar mejor una de las ideas morales sobre las que más reflexionó, en su propia vida y en la escritura: la culpabilidad. "La culpa siempre es indudable", escribiría más tarde en *En la colonia penitenciaria*. Y es que Kafka, que en más de una ocasión reconoció que la falta de creencias religiosas le producía la sensación de que la tierra desaparecía bajo sus pies, siempre tuvo una percepción ambivalente y muy personal de la culpa y la salvación. Es probable que su propio estilo de vida le infundiera una inmensa sensación de culpabilidad, y puede que su escaso éxito a la hora de redimir lo que él veía como grandes fracasos —en el matrimonio, en la vida familiar, en la oficina, en la fábrica— le convenciera de que su propia salvación vital era del todo imposible. En cualquier caso, y dejando de lado si eran éstas unas consideraciones surgidas a causa de su inseguridad religiosa, la percepción de la culpa que expresó Kafka en *El proceso* es la de un hombre perplejo que no sabe cómo defenderse de algo que ignora. Josef K. es detenido, nadie le explica por qué; para descubrir qué delito ha cometido acude a los tribunales a través de intermediarios, pero no logra descubrir de qué se le acusa. Finalmente, es ejecutado. Se ha convertido en un paradigma afirmarlo, pero probablemente ello no le reste veracidad a la afirmación: *El proceso* es probablemente el libro central del siglo XX, el que mejor condensa los horrores de ese siglo.

A pesar de las penosas circunstancias de la guerra, pues, Kafka volvía a estar en racha. Los avances en *El proceso*

"En mi país hay otros castigos, además de la pena de muerte". fueron rápidos, y durante dos meses trabajó constantemente hasta principios de octubre, momento en que dejó de lado la redacción de la novela para escribir *En la colonia penitenciaria*. Terminada la escritura de esta narración, su creatividad volvió a secarse. Como su cuñado estaba en el frente, después de pasar la mañana en la Compañía Estatal redactando informes, por la tarde tenía que ocuparse de la Fábrica de Asbesto y, además, había empezado a pensar de nuevo en Felice: una vez más veía en ella una posible "salvación" de su indefensión cotidiana. Así que decidió sugerirle a Grete Bloch, una amiga de Felice que había hecho de intermediaria durante sus crisis y con la que seguía manteniendo una intensa relación epistolar, que quería volver a encontrarse con su antigua prometida.

Llegados a este punto, es necesario hacer referencia a un episodio nunca comprobado que, de ser cierto, debió suceder por estas fechas. Según Max Brod, Kafka era el padre del hijo que Grete Bloch tuvo en 1914 ó 1915. Según él, Grete le ocultó a Kafka su paternidad, y el niño murió a los siete años. Aunque resulta indudable que entre Kafka y Bloch existieron ciertos lazos, y que ésta tuvo efectivamente un hijo en esa época, es poco probable que su relación fuera más allá del afecto y resulta extremadamente aventurado pensar que pudieron llegar a mantener relaciones sexuales. No digamos ya que la madre ocultara el hecho a Kafka. En todo caso, el rumor sigue ahí, como tantas otras de las afirmaciones no demostrables que Brod hizo acerca de su amigo. Pero la historia tampoco ha podido ser refutada.

En todo caso, como hemos dicho, poco antes de este nuevo receso creativo y del regreso de la figura de Felice, Kafka escribió de un tirón *En la colonia penitenciaria*, otra de sus obras cumbres. Es ésta una cruel introducción al mundo de la tortura, en la que un oficial explica detalladamente la máquina con la que causa un indecible dolor a sus condenados. Kafka seguía adentrándose en su peculiar universo, donde la abstracción del dolor servía para conocer y, además, ajusticiar la culpa. Su propio editor, Kurt Wolff, sintió una especie de rechazo hacia un texto tan descarnado, pese a lo cual decidió publicarlo. La aséptica descripción de la máquina —como si fuera una de aquellas máquinas que Kafka examinaba para redactar sus informes sobre accidentes laborales—, la lenta narración de una muerte que expía a través de la escritura algún delito, es de una crudeza extraordinaria, incluso hoy.

En enero de 1915, Franz y Felice volvieron a reunirse. Su primera impresión fue que todo seguía igual: él quería consagrarlo todo al trabajo literario; ella quería un hogar burgués. Además, el escritor volvía a estar pasando una crisis creativa y lo último que necesitaba era volver a las idas y venidas de hacía dos años, de modo que decidieron no seguir viéndose. Más tarde, para intentar alejarse de todo lo que le impedía escribir, Kafka intentaría ser movilizado en dos ocasiones, pero no lo logró y hubo de permanecer en Praga, seguir asistiendo a la oficina y supervisando el funcionamiento de la fábrica.

En la primavera de 1915 se impuso el racionamiento. La guerra estaba pasando factura y la familia Kafka pasaba un mal momento. Gabrielle no era una invitada en la casa, sino una realquilada —cuando se supo, la vergüenza de Hermann y Julie fue inmensa—, y es muy probable que Franz tuviera que ayudar económicamente a sus padres. La tienda de artículos de mercería y complementos había sido una víctima inmediata de la guerra porque los praguenses habían colocado las chucherías y los adornos en el último lugar de la lista de sus necesidades. La fábrica andaba a trancas y barrancas, como siempre, o puede que un poco peor. Y es que los jóvenes checos y alemanes y austriacos seguían matándose con los rusos en Galitzia y todo el mundo había empezado a sospechar que aquella guerra no iba a ser tan corta como se pensó al principio. Las tropas serbias habían destrozado al ejército austriaco y se rumoraba que los rusos podían estar en Budapest en junio. El fervor patriótico estaba empezando a ser sustituido por la preocupación, y el tema de conversación ya no eran las inexistentes victorias sino la escasez de pan. Los precios de los alimentos se duplicaron. A pesar del optimismo de los despachos oficiales y la prensa, la guerra estaba empezando a tener importantes consecuencias en la vida cotidiana del país.

En julio de 1916, después de la publicación de *La transformación*, Kafka se reencontró con Felice una vez más y descubrió —tras cuatro años— que aquella mujer ficticia que él había imaginado a partir de retazos de sus cartas, unas cuantas fotografías y el poco tiempo que habían pasado juntos, era en verdad una mujer de carne y hueso:

Una de las primeras fotografías de Franz Kafka,
hijo mayor de Hermann Kafka
y Julie Löwy. Circa, 1884.

*Kafka, hacia los diez años de edad, junto a sus
hermanas Valerie (izquierda) y Gabrielle (en el medio).*

En la época de esta fotografía, Kafka recibía
su doctorado en derecho. Circa, 1906.

Arriba:

El centro de la antigua Praga: la Staroměstské Naměstí o plaza de la Ciudad Vieja.
La fotografía muestra el mercado navideño de San Nicolás,
citado a menudo por Kafka.
Circa 1890.

Página siguiente:
Una de las fotos de pasaporte de Milena Jesenká,
con quien Kafka inició correspondencia en 1920.
Aunque su relación fue distinta de las otras,
fue demasiado tarde para ese amor.

© Archivo Klaus Wagenbach, Berlín.

Arriba:
*Max Brod, entrañable amigo y biógrafo de Franz Kafka,
quien contradiciendo la voluntad del escritor,
conservó y publicó sus manuscritos.*

Página siguiente:
Portada del libro La transformación, *con una ilustración de Otto mar Stake,
hasta hace poco conocida como* La metamorfosis, *debido a las intromisiones
de Max Brod en los originales de Kafka.*

FRANZ KAFKA

DIE VERWANDLUNG

DER JÜNGSTE TAG ★ 22/23

KURT WOLFF VERLAG · LEIPZIG

1916

Kafka y Felice Bauer, con quien se compromete dos veces para casarse.
Budapest, julio de 1917.

Con F. hasta ahora sólo había intimado por carta; a nivel humano, he empezado hace dos días. No es que esté todo tan claro; sigue habiendo dudas. Pero es hermosa la mirada de sus ojos sosegados, por donde asoma la hondura de lo femenino.

La situación había mejorado. Franz le escribió a Brod que se había visto "envuelto con ella en una relación de persona a persona que hasta ahora me era desconocida". Incluso pactaron un nuevo plan de vida: cuando terminara la guerra, se casarían, alquilarían un piso en Berlín, Felice seguiría trabajando y él... Él todavía no sabía qué haría.

Después del verano se publicó en forma de libro *La condena*, y en noviembre hizo una lectura pública de *En la colonia penitenciaria* en una librería muniquesa, a la que asistió Felice. El acto fue un "fracaso estrepitoso", según el propio Kafka. Parte del público se horrorizó ante la crueldad del relato y según algunos testigos se produjeron hasta tres desmayos. A pesar de ello —y de un nuevo enfrentamiento con Felice—, Franz regresó con ganas de ponerse a escribir. El fracaso de Munich, en lugar de llevarlo a la resignación, le motivó: había dejado dos novelas inacabadas, llevaba más de un año sin escribir, de modo que tenía que retomar su trabajo y hacerlo en serio. Pero antes hubo de enfrentarse al problema de la vivienda, que le había perseguido desde que en 1914 se instalara provisionalmente en la casa desocupada de su hermana Valerie. De allí, se marcharía a la casa de Gabrielle, y de ésta a una habitación alquilada en la calle Bilková. Poco más tarde, alquilaría otra en la calle Dlouhá. Pero ésta era extremadamente ruidosa, y Kafka no lograba concentrarse en ella. Finalmente, su hermana Ottilie le ofreció una minúscula casa que había alquilado para ella para que trabajara allí por las tardes y las noches. Fue en esta época cuando Kafka inició la redacción de lo que ha sido dado en llamar los "cuadernos en octavo". Allí, en la casita de la calle Zlatá, escribió algunas narraciones que formarían parte de *Un médico rural*, como "El nuevo abogado", "En la galería", "Chacales y árabes" y "Un fratricidio" y otras piezas que se publicarían póstumamente, como *El cazador Gracchus*. En cualquier caso, se trataba de piezas de menor ambición, de cuentos y fragmentos que evocaban algunos pasajes de *Contemplación*. Kafka ya no se sentía con fuerzas para abordar un gran proyecto. En marzo de 1917, tras este invierno de notable actividad, el escritor se mudó a un piso de dos habitaciones en el palacio Schörnborn y la racha creativa, por enésima vez, se cortó.

A partir de entonces Kafka intensificó la publicación en revistas literarias. Tras años de relación muy débil con la prensa escrita, a partir de aquel momento empezó a colaborar con *Der Jude, Die Selbstwehr*, el periódico *Prager Tagblatt*, así como en diversos anuarios y antologías. Además, en julio, su editor decidió aceptar *Un médico rural*. Kafka se encontraba en un momento crucial de su vida. Felice acababa de llegar a Praga y se habían comprometido por segunda vez. Kafka había decidido casarse e irse a vivir a Berlín, lo que implicaba necesariamente abandonar el trabajo en la Compañía Estatal de Seguros de Accidentes de Trabajo y vivir únicamente de la actividad literaria. Asustado por la posibilidad de no conseguir salir adelante, le escribió una carta a su editor de toda la vida, Kurt Wolff:

> Mi esperanza es que usted, mi estimado señor Wolff, suponiendo, desde luego, que yo lo merezca, siquiera medianamente, no me deje por completo en la estacada. Una sola palabra suya, pronunciada desde ahora, me ayudaría a superar toda mi inseguridad del presente y del futuro, y significaría mucho para mí.

Kurt Wolff respondió tal y como Kafka esperaba, incluso mejor de lo que hubiera podido imaginar. No sólo estaba seguro de que podría seguir publicando sus libros, sino que junto a *Un médico rural* iba a publicar *En la colonia penitenciaria*, ambas en edición de bibliófilo.

"El caso es que, para mí, yo no considero esta enfermedad una tuberculosis, o cuando menos, no primordialmente, sino que la considero un desfallecimiento general".

Ello y su creciente actividad como colaborador en prensa le dieron una notable seguridad: iba a casarse, a vivir de la literatura y a olvidarse para siempre de los accidentes de trabajo.

A mediados de julio, el escritor y su prometida viajaron juntos a Hungría para visitar a la hermana de Felice. Parecía que al fin las tres obsesiones de Kafka —el matrimonio, la oficina y la escritura— iban a resolverse para siempre. Sin embargo, a principios de agosto Kafka empezó a tener una "tos de sangre", como el mismo escribió en su cuaderno. Un mes más tarde se le diagnosticaba la tuberculosis.

Últimos años

Kafka tenía tuberculosis y su mundo seguía siendo el de siempre: la Compañía Estatal de Seguros de Accidentes de Trabajo, la concienzuda escritura, los entrometidos padres, el matrimonio siempre postergado. En realidad, toda la vida de Kafka fue un acto de postergación: la recepción entusiasta de su obra se demoró cruelmente hasta después de su muerte, todos sus intentos de matrimonio fracasaron, su extraña relación con la religiosidad fue más extraña e intensa que nunca durante estos últimos años y sólo ahora —al fin— iba a poder darse un respiro en el trabajo. Nada había llegado, o lo había hecho demasiado tarde. El amable funcionario respetado por todos, admirado por unos pocos hombres de letras, incomprendido por sus padres, que se desfogaba con la jardinería y el remo, era ahora un enfermo y estaba más débil que nunca. A partir de entonces, con algunos paréntesis de relativa productividad, dedicaría cada vez menos tiempo a la literatura. Su vida consistiría, básicamente, en alternar la vida en Praga y en diversos sanatorios y pensiones rurales para tratar de recuperar, en lo posible, su maltrecha salud.

Una vez se le hubo declarado la enfermedad, Kafka obtuvo un primer largo permiso de ocho meses de la Compañía Estatal y se marchó a Siřem, donde su hermana se hacía cargo de la granja de su cuñado. Poco después, Felice fue a verlo y Kafka la recibió con frialdad. A finales de diciembre, de vuelta en Praga, rompieron su compromiso y se separaron, esta vez definitivamente. Kafka estaba deshecho. Así lo contó Brod:

> Kafka vino a verme directamente al despacho, en medio del ajetreo diario, y se sentó frente a mi mesa en la sencilla butaca que teníamos dispuesta para los que venían a hacer alguna solicitud, los pensionistas, los acusados, etcétera. Y allí se echó a llorar, allí me dijo entre sollozos: "¿No es terrible que tenga que pasar por algo así?". Le corrían las lágrimas por las mejillas; fue la primera vez que lo vi fuera de sí, sin contenerse.

Pese a este primer derrumbamiento, Kafka estaba casi satisfecho. La enfermedad "es casi un alivio", le escribió a su editor Kurt Wolff. Finalmente se veía liberado de todas sus obligaciones: había dejado de ir a la oficina, se había alejado de Praga y había dado con la excusa perfecta para acabar su relación con Felice, porque tal y como le escribió a su hermana Ottilie, "de puertas afuera, la única causa de que hayamos roto es la enfermedad, y así se lo he dicho también a nuestro padre". Pero éste no se iba a dejar convencer con eso. Las relaciones entre Franz y su padre nunca habían sido buenas, pero a partir de entonces las cosas empeorarían, especialmente porque Franz iba a apoyar en todo el proyecto de vida rural de su hermana Ottilie —con la que, en sentido inverso, le unía una relación cada vez más estrecha—, pero también porque Hermann se daba cuenta de que su hijo ya no tenía el tiempo ante sí para convertirse en lo que *él* siempre había querido que se convirtiera.

Durante su estancia en Siřem, Kafka abandonó casi totalmente sus textos narrativos y se concentró en la redacción de ciento nueve aforismos. Además de eso, empezó a estudiar hebreo, cosa que por alguna razón mantuvo un tiempo en secreto; incluso se lo escondió a Max Brod, que era la persona con la que más hablaba de religión y sionismo. "Su revelación de que ha estado aprendiendo hebreo", anotó Brod, "cuarenta y cinco lecciones del manual de Rath; nunca me había dicho nada al respecto. Así que me estaba poniendo a prueba cuando me preguntó hace un tiempo, con aspecto de total inocencia, cómo se contaba en hebreo. Esta manía de hacer de todo un gran secreto. Tiene algo de grandioso, pero también algo malvado". Pese a este secretismo, Brod era consciente de que Franz estaba volviendo a revisar su aversión al judaísmo. Estaba leyendo con detenimiento a Kierkegaard y estaba experimentando, en palabras de Brod, un "desarrollo religioso y ético" que de algún modo se vio afectado por el entorno rural y la observación de los campesinos. También de este momento son las primeras notas para la novela *El castillo*. En todo caso, no fue en aquella aldea del noroeste de Bohemia donde Kafka encontró la "pureza" que ahora andaba buscando, y regresó a Praga en junio de 1918, donde sabía que tampoco la encontraría. Y es que, a pesar de sus reiterados planes de marcharse de la ciudad, el escritor no logró nunca ausentarse durante más de unos meses de Praga. Así pues, con la excepción de dos breves salidas a Rumburk y Turnov, el escritor siguió en la ciudad hasta que en noviembre viajó a una villorrio llamado Želízy, donde tenía planeado quedarse hasta la primavera del año siguiente alojado en la pensión Stüdl. Allí, mientras en el mundo se celebraba el fin de la guerra, tuvo lugar uno de los giros más imprevisibles de la vida del Kafka maduro.

Franz, que andaba en busca del clima y el reposo que su salud necesitaban, conoció en la pensión a Julie Wohryzek, la hija del sacristán de una sinagoga de Praga. Tras seis meses de relación, se comprometieron. Sólo hacía un año y medio que había roto con Felice, pero no parecía haber escarmentado: ahora estaba convencido de haber elegido bien. En realidad, no sabemos prácticamente nada de Julie Wohryzek ni del compromiso. El único documento relacionado con esta relación que se ha conservado es una larga carta que Franz le mandó a la hermana de Julie en noviembre de 1919, desde Želízy, después de su ruptura.

> Usted ya sabe cómo nos conocimos J. y yo. El principio de nuestra relación fue muy extraño, y para los supersticiosos no habría sido un buen presagio. Durante algunos días estuvimos riéndonos cada vez que nos encontrábamos, sin interrupción, durante las comidas, al salir a pasear o cuando estábamos sentados el uno frente al otro [...]
>
> Pero nos salimos con la nuestra; aunque estábamos allí para recuperarnos, no conseguimos descansar en absoluto [...] Llegamos entre los dos al entendimiento de que para mí el matrimonio y los hijos son en cierto sentido la meta más deseable de este mundo,

pero al mismo tiempo me es imposible casarme. La prueba era el hecho de que había roto mi compromiso matrimonial dos veces (no supe aportar ninguna otra demostración convincente). Y por lo tanto decidimos decirnos adiós. Y así lo hicimos.

En efecto, durante las tres semanas que pasé en Schelesen [Želízy en alemán] ni siquiera nos escribimos; pero luego, cuando volví a Praga, prácticamente nos abalanzamos el uno sobre el otro. No teníamos otra posibilidad, ninguno de los dos. Eso sí, exteriormente las riendas del asunto las llevaba yo [...]

¿Con qué derecho lo hacía, habiendo tenido ya malas experiencias (aunque exclusivamente conmigo mismo)? La situación era ahora más prometedora que antes, incluso más de lo que cabía imaginar. No voy a justificar esto en detalle; me limito a decir que nos sentíamos (y nos sentimos) muy cercanos, más de lo que la propia J. se imagina, y además todo indicaba que los preparativos podrían llevarse a cabo con gran facilidad y rapidez; y, finalmente, la oposición de mi padre, teniendo en cuenta lo desafortunado de mi relación con él, era para mí otra prueba concluyente de que no me equivocaba. A mi modo de ver, aquel sería un matrimonio de amor, y aún más, un matrimonio basado en la razón en sentido elevado.

> "Ni siquiera tu desconfianza en los demás es tan grande como la desconfianza en mí mismo en que me has educado".

La carta prosigue, pero la canción es conocida. ¿Podía un "producto de desecho del mundo laboral europeo, un funcionario, un funcionario exageradamente nervioso, irremisiblemente perdido en todos los peligros de la literatura" hacer feliz a una mujer? Kafka se "encontraba en un callejón sin salida", "era consciente de las fuerzas contrarias que albergaba" su interior. "Al final no pude más y tuve que decírselo". Las razones de la ruptura son similares, incluso intercambiables, con las que esgrimía ante Felice para disuadirla de que se casara con él. Esta carta es todo lo que sabemos del tercer compromiso matrimonial de Kafka, no hay más documentos ni datos, pero no parece difícil imaginar qué le estaba pasando por la cabeza en esos momentos.

Aquel mismo mes de noviembre, Kafka escribió otra de sus cartas, quizá su carta por antonomasia, la *Carta al padre*. Cierto es que tiene un cierto aire de familia con la anterior, como si ambas hubieran estado motivadas por un mismo impulso. Sin embargo, la pésima relación de Franz con su padre venía de largo y se había puesto de manifiesto una vez más hacía poco, el mes anterior, cuando Franz le entregó a su padre sendos ejemplares de *En la colonia penitenciaria* y *Un médico rural*, que acababa de publicar. Hermann ni siquiera se molestó en interrumpir la partida de cartas que estaba jugando y le dijo: "Déjalos en la mesilla de noche". Cuando, antes de la ruptura, le dijo que iba a casarse, Hermann le gritó que aquella boda era una vergüenza para toda la familia y le recomendó que fuera a un burdel. "Si te da miedo, te acompaño yo mismo", le espetó.

La *Carta al padre* era un último intento de hacerle ver a Hermann que había cometido con su hijo innumerables injusticias y le había sometido a otras tantas humillaciones. Era en parte una autobiografía escrita para la sola persona de su padre, pero recoge también muchos de los recursos estilísticos del Kafka narrador. Nada parece callarse: hay reproches por cosas sucedidas treinta años atrás, defensas ante acusaciones del pasado y, obviamente, un buen número de ataques crudísimos. Más que un ajuste de cuentas, es una confesión extrema, autoinculpatoria a veces, pero implacable. Además, se trata de un texto insólitamente largo para tratarse de una carta, y de todos modos sabemos a ciencia cierta que su padre nunca la recibió. En diciembre de 1919, Kafka regresó a Praga y se quedó allí hasta abril de 1920. Durante ese invierno, siguió redactando aforismos.

En la primavera de 1920, en busca de un poco de reposo, Kafka pasó tres meses en Merano. Fue allí donde escribió las primeras cartas a Milena Jesenká. Era ésta una muchacha de veintitrés años que se había puesto en contacto con Kafka con el fin de obtener su permiso para traducir sus obras al checo. Formaba parte de la primera generación de las llamadas "minervistas", un grupo de mujeres que habían estudiado el bachillerato de humanidades en el instituto Minerva y que se caracterizaban por su vida bohemia y su espíritu antiburgués. Milena era hija de un médico y catedrático de la Universidad Checa de Praga, Jan Jesenky, un hombre muy tradicional y de ideas extremadamente nacionalistas que educó con dureza a su hija y la encerró en un sanatorio al descubrir que mantenía una relación con el empleado de banca y escritor Ernst Pollak, con el que se casaría tras cumplir los dieciocho años. Sin embargo, su matrimonio sería infeliz. Pollak era un hombre culto e inteligente, pero al parecer la engañaba y no la trataba demasiado bien, hasta el punto que tenía que ganarse su propio sustento.

A su regreso de Merano, Kafka fue a Viena para visitar a Milena tras un ambiguo intercambio de cartas en el que se hablaba veladamente del fracaso del matrimonio de ella y de su posible marcha de Viena, de su posible instalación en Praga con Franz. En todo caso, Kafka sólo pasó cuatro días con ella —días, según recordaría Milena, en los que "su enfermedad se nos antojó como una especie de leve resfriado"— y regresó solo a Praga. Volvieron a encontrarse unas semanas más tarde y luego se pasaron un año sin verse.

Ya a finales de 1920, Kafka le repitió varias veces que debían dejar de escribirse, pero ambos siguieron haciéndolo, aunque con menor regularidad. En realidad, al escritor sólo le satisfaría que ella lo dejara todo y se fuera con él a Praga, cosa que ella no parecía dispuesta a hacer. Kafka se dio cuenta de que seguir escribiéndose con ella no tendría demasiado sentido: lo único que podría hacer sería reiterar sus ruegos, pedirle una y otra vez que se fuera con él, y ya debió de intuir que no lo haría. Sin embargo, nunca perdieron del todo el contacto. En el otoño de 1921, por ejemplo, Kafka le hizo llegar todos sus diarios, lo cual, teniendo en cuenta la habitual reserva del escritor, no deja de ser una muestra de afecto y consideración intelectual sorprendente. Y es que su relación con Milena fue distinta de las que mantuvo con otras mujeres: ella le comprendió como ninguna otra y le brindó un apoyo que, probablemente, Felice no hubiera sabido articular. Con todo, era demasiado tarde para aquel amor y ambos lo sabían. A finales de 1920, Franz se mudó a la nueva casa familiar en la Staroměstské Náměstí con Pařižská y se reservó una habitación en el tercer piso, donde escribiría todavía algunos cuentos.

En diciembre, Kafka ingresó en el sanatorio para tuberculosos de Matliary, donde conocería a Robert Klopstock, un estudiante de medicina muy interesado en la literatura con el que trabaría una gran amistad. En septiembre de 1921 regresó a Praga; al parecer, la estancia en Matliary no había surtido el efecto deseado y el estado del escritor se había agravado. Ya en 1922, Kafka se deshizo definitivamente de una de las mayores cargas de su vida, la Compañía Estatal de Seguros de Accidentes de Trabajo, que le concedió la jubilación por enfermedad. Poco después, tras instalarse en un hotel de Spindlerův Mlyn, y quizá con la intención soterrada de tener un proyecto al que aferrarse, inició la redacción de *El castillo*, su tercera novela, que también dejó inacabada. Según Brod, *El castillo* es "una prodigiosa balada de un extranjero sin hogar que en vano intenta echar raíces en el hogar que ha elegido": se trata del agrimensor K., un hombre al que se le impide reiteradamente entrar en ese castillo misterioso, que soporta su asedio con impavidez. *El castillo* es tal vez la más alegórica y religiosa novela de Kafka, y quizá la que incorpora más evidentemente elementos autobiográficos. Es también la que mejor refiere la idea de exclusión, de indefensión ante el empecinamiento de los demás, que tanto perturbaron al escritor. Trabajó ocho meses en la novela antes de abandonarla.

Kafka permaneció en Praga durante los primeros meses de 1923. Y fue entonces cuando la posibilidad de emigrar a Palestina se hizo más patente. La vida cotidiana praguense se había impregnado de antisemitismo, no tenía obligaciones que le impidieran por fin marcharse de Praga y, además, el clima de un país mediterráneo le convenía a su salud. Desde que había caído enfermo se había dedicado al estudio del hebreo y había leído innumerables libros relacionados con el sionismo para fortalecer su "sentimiento de pertenencia al pueblo judío". Sin embargo, en julio, antes de que esos planes de emigrar a Palestina se concretaran, viajó con Elli a Müritz, donde conocería a una de las empleadas del Hogar Popular Judío, que Kafka había visitado previamente. Se trataba de Dora Diamant, una muchacha polaca de veinte años descendiente de una familia jasídica que vivía en Alemania. Kafka se sintió inmediatamente atraído por su espontaneidad, y muy pronto hicieron planes para vivir en común.

"A la muerte, por tanto, sí me confiaría. Resto de una fe. Retorno al Padre. Gran Día de Expiación".

El escritor regresó a Želízy y vivió unos meses con su hermana Ottilie, pero en septiembre de 1923 se trasladó a Berlín, donde se instaló junto a Dora en un apartamento del barrio de Steglitz. Después de tantos años, de tantos intentos fracasados, Kafka había logrado escapar de Praga. Había sido muy tarde, es cierto, pero estaba convencido de que aquello iba a suponer una inmensa mejora de su salud y de su ánimo. Además de escribir, mientras la enfermedad se lo permitiera, iría regularmente al Instituto de Estudios Judíos de Berlín, donde asistiría a clases introductorias del Talmud y leería textos en hebreo básico. Sin embargo, pronto surgirían los problemas: tuvieron que abandonar el apartamento porque su forma de convivencia no era aprobada por su propietaria, y se instalaron entonces en la Grünewaldstrasse. Por aquel entonces el optimismo de Kafka había desaparecido y se había dado cuenta de que "las antiguas penas me han encontrado también aquí", como le escribió en su última carta a Milena. Meses más tarde, la enfermedad se agravó, y en la primavera de 1924 la salud de Franz había menguado tanto que su tío Siegfried y Brod se lo llevaron a Praga. Allí le diagnosticaron que la tuberculosis se había extendido y había llegado a la laringe. Sabedor de que su estado era irreversible, Kafka escribió su último relato, "Josefina la cantante" o "El pueblo de los ratones". Como si todo aquello fuera poco, además, estaba viviendo de nuevo en casa de sus padres, lo cual significaba que todos y cada uno de los planes para lograr la independencia —los matrimonios fallidos, los hogares provisionales, la huida a Berlín— habían fracasado. Allí estaba, moribundo, bajo el mismo techo que Hermann y Julie.

A principios de abril, Kafka fue ingresado en el Wiener Wald, un sanatorio vienés. De allí fue trasladado al hospital universitario de la misma ciudad. Semanas más tarde sería llevado al sanatorio del doctor Hoffman, en Kierling, donde sería asistido constantemente por Dora y Robert Klopstock. La madrugada del 2 de junio, Franz le pidió a éste una dosis de morfina y recibió dos inyecciones. "No me torturéis más", dijo. "Para qué prolongar la agonía". Cuando Klopstock se apartó un momento de la cama, Kafka le dijo: "No te vayas". Su amigo le respondió: "No me voy". "Me voy yo", le respondió finalmente Franz.

Franz Kafka murió el 3 de junio de 1924, un martes, mientras Dora estaba fuera para llevarle unas flores. Su cuerpo fue llevado a Praga y el 11 de junio recibió sepultura en el cementerio judío de Praga-Straschnitz. Dos meses después se publicaría *Un artista del hambre*, cuyas pruebas había corregido pocos días antes de morir.

Epílogo

"Todos los objetos que yo deje al morir (o que estén en las cajas de libros, en el armario ropero, en la mesa escritorio de casa y en la de la oficina, o dondequiera que tales cosas puedan estar guardadas y tú tengas constancia de ello), lo que se encuentre en mis diarios, originales, cartas propias y ajenas, dibujos, etcétera, debe ser totalmente reducido a cenizas, sin haber sido leído." Así rezaba el "primer testamento" que Franz Kafka redactó para que su amigo Max Brod lo ejecutara. Por suerte para sus lectores, no lo hizo. Era imposible que destruyera la obra del que consideraba el mayor escritor en lengua alemana del momento. Es más: el 17 de julio de 1924, un mes y medio después de la muerte de su amigo, afirmó públicamente que tenía intención de publicar todo el material que hallara, tanto las obras literarias como los diarios, las cartas y los apuntes.

No le fue fácil encontrar una editorial que se hiciera cargo de esa inmensa empresa. El objetivo de Brod era conseguir el dinero suficiente en anticipos y derechos de autor para que los herederos de Kafka, sus padres y Dora, solventaran sus problemas económicos, pero las editoriales sabían que se trataba de un autor que vendía pocos libros a pesar de su prestigio. Así, Brod sólo fue consiguiendo que los distintos volúmenes fueran publicados por diferentes editoriales. Además, en 1933, con la llegada al poder del nazismo, Kafka se había convertido en un escritor proscrito incluido en la "Lista I de la literatura perjudicial e indeseable", y sus libros habían sido quemados públicamente. Finalmente, a principios de 1935 se publicó en Schocken Verlag, Berlín, el primer volumen de la *Obra completa*, al que seguirían tres más ese mismo año. Tras diversos avatares —la editorial fue cerrada al ser considerada por las autoridades "judía"—, entre 1936 y 1937 se publicaron en Heinrich Mercy Son, Praga, los dos últimos, con los cuales toda la obra de Kafka, incluyendo todos los textos póstumos, quedaba al alcance del lector.

Como señala Klaus Wagenbach, en la vida de Franz Kafka no hay grandes acontecimientos. No fue un gran viajero, ni se relacionó con grandes estadistas ni tuvo experiencias memorables. En realidad, ni siquiera conoció a los escritores austrohúngaros más importantes de su época. La suya fue una vida apartada, modesta, invisible si no hubiera sido por esa manía de perder las noches escribiendo. Publicó siete libros, unos cuantos textos en revistas y periódicos e hizo alguna que otra lectura pública de su obra. Aparte de eso, su vida fue una constante postergación que siempre acababa en fracaso: postergó matrimonios para permanecer soltero; postergó la finalización de algunas obras para que resultaran inacabadas; postergó la marcha a Palestina para acabar en Berlín y postergó la reconciliación con su familia para acabar descartándola.

La vida de Kafka, vista desde su final, parece un inmenso acto de indecisión, pero quizá verlo así no haga justicia al amable y cortés abogado praguense. No fue un hombre feliz, eso es casi seguro, pero tampoco se puede asegurar que la felicidad le importara. Él buscaba una especie de "pureza", la "indestructibilidad" de las pocas cosas que eran susceptibles de ser comprendidas y disfrutadas en silencio. Contaba con que la literatura y el matrimonio fueran dos de ellas, pero la primera distó de salvarle y del segundo apenas conoció sus prolegómenos.

CRONOLOGÍA

1883: Franz Kafka nace en Praga, hijo del comerciante de origen modesto Hermann y de Julie Löwy, descendiente de una familia burguesa.

1889-1893: Franz estudia en la Escuela Alemana de Niños de la calle del Mercado de la Carne. Nacen sus tres hermanas.

1893-1900: Estudia en el Instituto Alemán Altstädter.

1901-1903: Inicia los estudios universitarios; primero química, después filología alemana y, finalmente, derecho.

1904: Primer esbozo de *Descripción de una lucha*.

1906: Franz obtiene el doctorado en derecho.

1907: Entrada en Assicurazioni Generali.

1908: Publicación de ocho fragmentos en prosa en la revista *Hyperion*. Entrada en la Compañía Estatal de Seguros de Accidentes de Trabajo.

1909: Publica en la revista *Hyperion* "Conversación con el suplicante" y "Conversación con el ebrio". Viaja a Riva con su gran amigo Max Brod. Publica en *Bohemia* "Los aeroplanos en Brescia".

1910: Publicación en *Bohemia* de "Contemplaciones". Inicia su diario. Viaje a París.

1911: Muestra su interés por el teatro yídish y se hace amigo del actor Yitzak Löwy. Viaje al norte de Italia con Brod.

1912: Inicia *El desaparecido*. Conoce a la que será su prometida, Felice Bauer. Escribe *La condena* y *La transformación*. En diciembre, publica *Contemplaciones*.

1913: Viaja a Berlín en dos ocasiones. En septiembre, acude en Viena al Congreso Internacional de Prevención de Accidentes. De ahí, viaja al sanatorio de Riva.

1914: En junio, compromiso con Felice Bauer que se rompe al mes siguiente. Poco después del estallido de la Primera Guerra Mundial abandona el domicilio paterno y se instala en casa de su hermana Valerie. Inicia la escritura de *El proceso* y, en octubre, escribe de un tirón *En la colonia penitenciaria*.

1915: Reencuentro con Felice. Publicación de *La transformación*.

1916: Publicación de *La condena*. Viaja con Felice a Marienbad. Trabaja en narraciones pertenecientes a *Un médico rural*. Se traslada al palacio Schönborn. Vuelve a comprometerse con Felice, pero el compromiso se rompe en diciembre. El 4 de septiembre se le ha diagnosticado la tuberculosis.

1918: Viaja a Zürau y, tras pasar el verano en Praga, se desplaza a Turnau y Schelesen. Inicia su relación con Julie Wohryzec.

1919: Publicación de *Un médico rural* y *En la colonia penitenciaria*. Se compromete con Julie Wohryzec. Escribe la *Carta al padre*.

1920: Inicia su correspondencia con Milena Jesenká. Ruptura del compromiso matrimonial con Julie Wohryzec. Pasa el invierno en Matliary.

1921: Sigue en Matliary y regresa a Praga después del verano.

1922: Trabaja en la redacción de *El castillo*. Obtiene la jubilación anticipada por su enfermedad. Escribe *Un artista del hambre* e "Indagaciones de un perro".

1923: Conoce a Dora Dymant. A partir de septiembre vive con ella en Berlín.

1924: En marzo regresa a Praga. En abril se dirige al sanatorio de Kierling en compañía de su amigo Robert Klopstock y Dora. Muere allí el 3 de junio. Se publica *Un artista del hambre*.

BIBLIOGRAFÍA

Cito aquí las biografías y retratos de Franz Kafka que me parecen más interesantes. Dos de las obras —la de Brod y la de Janouch— fueron escritas por contemporáneos y amigos del autor. El resto, probablemente más objetivas, son obra de investigadores contemporáneos. Todas ella son accesibles al lector hispano.

Brod, Max, *Kafka*, Alianza Editorial, Madrid, 1989.

Citati, Pietro, *Kafka*, Versal, Madrid, 1993.

Janouch, Gustav, *Conversaciones con Kafka*, Destino, Barcelona, 1999.

Stach, Reiner, *Kafka. Los años de las decisiones*, Siglo Veintiuno, Madrid, 2003.

Unseld, Joachim, *Franz Kafka. Una vida de escritor*, Anagrama, Barcelona, 1989.

Wagensbach, Klaus, "Franz Kafka: una biografía", en Kafka, Franz, *Obras completas, Novelas (Vol. 1)*, Galaxia Gutenberg, Barcelona, 1999.

Siguen a continuación algunas aproximaciones muy distintas a la obra de Kafka. De nuevo, omito textos difíciles de encontrar o demasiado abstrusos.

Azúa, Félix de, "Tres novelas que cambiaron el mundo. Franz Kafka", en *Lecturas compulsivas*, Anagrama, Barcelona, 1998.

Benjamin, Walter, "Dos iluminaciones sobre Kafka", en *Iluminaciones I. Imaginación y sociedad*, Taurus, Madrid, 1998.

Blanchot, Maurice, *De Kafka a Kafka*, Fondo de Cultura Económica, México, 1993.

Borges, Jorge Luis, "Kafka y sus precursores", en *Otras inquisiciones*, Alianza Editorial, Madrid, 1998.

Deleuze, Gilles y Guattari, Félix, *Kafka. Por una literatura menor*, Era, México, 2001 (existe también una edición en Anagrama).

Nabokov, Vladimir, "Franz Kafka. *La metamorfosis*", en *Curso de literatura europea*, Ediciones B, Barcelona, 1997.

Robert, Marthe, "Acerca de Kafka", en *Acerca de Kafka. Acerca de Freud*, Anagrama, Barcelona, 1980.

VV. AA., *La ciutat de K. Kafka i Praga*, Centre de Cultura Contemporània de Barcelona, 1999 (edición bilingüe catalán-castellano).

Hay en la web algunos sitios interesantes dedicados a la obra y la vida de Franz Kafka. Estos son los que me han parecido más interesantes.

gutenberg.spiegel.de/autoren/Kafka
www.kafka.org
www.kafka-franz.com

Finalmente, todos los textos del autor citados están tomados de:

Kafka, Franz, *Obras completas: Novelas* (Vol. i), *Diarios* (Vol. ii) y *Narraciones y fragmentos* (Vol. iii), Galaxia Gutenberg, Barcelona, 1999, 2000, 2003.

Kafka, Franz, varios volúmenes en "Biblioteca Kafka", Alianza Editorial, Madrid, 1998, 1999.

Sumario

Este libro se terminó de imprimir en el mes de abril
del año 2005 en los talleres bogotanos
de Panamericana Formas e Impresos S.A.
En su composición se utilizaron tipos
Sabon, Poster Bodoni y Akzidens Grotesk
de la casa Adobe.